Jutta Kilian

Burn-out
… wo ist der „Rettungsschirm"
für unsere Seelen?

Jutta Kilian

Burn-out

... wo ist der „Rettungsschirm"
für unsere Seelen?

Bibliografische Information Der Deutschen Nationalbibliothek
Die Deutsche Nationalbibliothek verzeichnet diese Publikation in der Deutschen Nationalbibliografie; detaillierte bibliografische Daten sind im Internet über <http://dnb.d-nb.de> abrufbar.

© Jutta Kilian, 2013
Alle Rechte, insbesondere die der Übersetzung in andere Sprachen, vorbehalten.
Kein Teil dieses Buches darf ohne schriftliche Genehmigung der Autorin in irgendeiner Form (Fotokopie, Mikrofilm oder irgendein anderes Verfahren) reproduziert oder in eine von Maschinen, insbesondere von Datenverarbeitungsmaschinen, verwendbare Sprache übertragen oder übersetzt werden.
Die Rechte zur Vervielfältigung und Verbreitung dieses Titels liegen bei BoD GmbH, Norderstedt.

Gesetzt aus der Goudy Old Style und der Eras.
Gestaltung und Satz: pp030 – Produktionsbüro Heike Praetor, Berlin
Gedruckt auf Papier aus 100% chlorfrei gebleichtem Zellstoff.
Herstellung und Verlag: BoD - Books on Demand, Norderstedt
ISBN 978-3-7322-3875-0

Inhalt

Einleitung 7

1. **Was ist Burn-out?** 9
1.1 Stressauslösende Veränderungen im Arbeitsleben 10
1.2 Stressbedingte Veränderungen im Menschen 12

2. **Wer ist von Burn-out betroffen?** 14
2.1 Alter, Geschlecht, sozialer Status oder Beruf? 14
2.2 Statistiken und Zahlen zu Alter, Geschlecht, sozialem Status, Beruf 18

3. **Die Spirale der Erschöpfung** 20
3.1 Die Phasen der Erschöpfung: Vom körperlichen Schmerz bis zum seelischen Zusammenbruch 23
3.2 Interview mit zwei Betroffenen 27
3.3 Parallelen und Unterschiede im jeweiligen Burn-out-Verlauf 28

4. **Auswirkungen für Wirtschaft, Unternehmen und Betroffene** 32
4.1 Volkswirtschaftliche Auswirkungen 32
4.2 Betriebswirtschaftliche Auswirkungen 35
4.3 Persönliche Auswirkungen 36

5. **Der Rettungsschirm für unsere Seelen** 38
5.1 Rettungsschirm Rehabilitation 38
5.2 Rettungsschirm Politik 40
5.3 Rettungsschirm Unternehmen 42
5.4 Rettungsschirm für die eigene Seele 45

6. **Anhang** 51
6.1 Interview mit „Lisa" 51
6.2 Interview mit „Max" 60

Abbildungsverzeichnis 67

Literaturverzeichnis 69

Dank 71

Einleitung

Von „Burn-out" sehen, hören und lesen wir seit geraumer Zeit. In nahezu allen Medien berichten immer mehr Menschen, Prominente und weniger bekannte Personen, Männer und Frauen, wie und warum sie in die totale Erschöpfung gerieten. In Talkshows, Gesundheitssendungen, in Zeitschriften und Zeitungen, im Internet, im Kollegen- und Freundeskreis werden Neuzugänge in der Burn-out-Gemeinde beklagt. Manch einer kann das Wort „Burn-out" nicht mehr hören. Einige meinen, wir seien zu einer „Weichei-Gesellschaft" mutiert und Burn-out sei eine Modediagnose geworden. Statistiken und Studien belegen dagegen den deutlich steigenden Anteil psychisch Erkrankter in Deutschland während der letzten Jahre. Statistische Zahlen über die Entwicklung von Burn-out in Deutschland sind unter den Rubriken „demographischer Wandel" oder „Gesundheit in Deutschland" zu finden. Hier werden „psychische Erkrankungen", die oft auch mit „Depressionen" einhergehen, erfasst. Burn-out dagegen ist kein anerkanntes Krankheitsbild und hat keine Diagnosekennzahl, die für eine statistische Erfassung notwendig wäre.

In zahlreichen Büchern und Broschüren geben ehemalig Betroffene, Psychologen, Psychotherapeuten und Ärzte Tipps, was präventiv gegen Stress getan werden kann, um die totale Erschöpfung zu vermeiden. Politik und Wirtschaft versuchen langsam aber sicher „Rettungsschirme" zu schaffen, um den drohenden milliardenschweren volks- und betriebswirtschaftlichen Super Gau abzuwenden. Das vorliegende Buch *Burn-out* gliedert sich grundlegend in fünf Kapitel.

In Kapitel 1 wird beschrieben, was unter „Burn-out" zu verstehen ist, wie Stress entsteht und welche körperlichen Reaktionen er im Menschen auslöst.

Kapitel 2 befasst sich mit der Fragestellung, ob bestimmte Personengruppen besonders oder Männer und Frauen gleichermaßen gefährdet sind. Spielen das Alter, der Beruf, der soziale Status eine Rolle? Liegen Ursachen und Auslöser für Burn-out „nur" im Job oder gibt es noch andere, sehr individuelle private Gründe oder persönliche Veranlagungen?

In Kapitel 3 wird der mögliche Verlauf von Burn-out in drei Stufen anhand der Spirale der Erschöpfung dargestellt und mit den Antworten meiner Interviewpartner zu ihrer persönlichen Erschöpfungsgeschichte verglichen.

Einleitung

Die kolossalen Auswirkungen für Volkswirtschaft, Unternehmen und nicht zuletzt für die Betroffenen und deren Angehörige, sind in Kapitel 4 zusammengefasst.

Das Buch schließt mit Kapitel 5. Darin wird aufgezeigt, welche Rettungsseile uns die Bereiche Rehabilitation und Prävention, Politik und Wirtschaft bereits anbieten. Diese zu ergreifen und für sich zu nutzen, aber auch einen „Rettungsschirm für die eigene Seele" aufzuspannen, liegt in der Verantwortung jedes Einzelnen.

„Tu deinem Leib etwas Gutes,
damit deine Seele Lust hat, darin zu wohnen."
(Teresa von Ávila, 28.03.1515 - 04.10.1582, Karmelitin)

1. Was ist Burn-out?

- Zeitpunkt, in dem das Triebwerk einer Rakete abgeschaltet wird und der antriebslose Flug beginnt. (Raumfahrt)
- Durchbrennen von Brennstoffelementen bei Überhitzung. (Kernphysik)
- Syndrom des Ausgebrannt seins, der völligen psychischen und körperlichen Erschöpfung. (Psychologie)[1]

Total erschöpft, deprimiert, ausgebrannt, sich treiben lassen und antriebslos sein, sind körperliche Symptome für den Sammelbegriff „Burn-out". Die Deutung des Dudens von „Burn-out" (to burn out = ausbrennen), ursprünglich aus den Bereichen der Raumfahrt („… und der antriebslose Flug beginnt …"), der Kernphysik („… Durchbrennen von Brennstoffelementen …"), scheinen mir auch auf die zahlreichen menschlichen Beispiele („psychologisch: Syndrom des Ausgebrannt-Seins, der völligen psychischen und körperlichen Erschöpfung") übertragen, sehr zutreffend zu sein. Redewendungen wie: *Mir sitzt etwas im Nacken, dabei habe ich Bauchweh, ich hab einen Kloß im Hals, mir schwirrt der Kopf*, beschreiben unseren körperlichen Schmerz oder geistigen Erschöpfungszustand in Stresssituationen. Der Deutsch-Amerikaner und Psychoanalytiker Herbert Freudenberger hat bereits vor über 30 Jahren in seinem Buch „Ausgebrannt – Die Krise der Erfolgreichen" den Begriff „Burn-Out" verwendet und die These verfolgt „… ausbrennen könne nur, wer entflammt war …"[2]. Das klingt irreführend, weil Burn-out keine von-Heute-auf-Morgen-Entwicklung ist. Vielmehr entwickelt sich ein Burn-out-Syndrom schleichend, durchläuft verschiedene Phasen und ist daher eher mit einem Schwelbrand, mit einem langsamen Durchbrennen zu vergleichen. Der menschliche Zustand völliger geistiger und körperlicher Erschöpfung wird mit Burn-out oder mit dem Burn-out-Syndrom beschrieben.

---
1 Homepage Duden, am 05.02.2012
2 stern, (29.09.2011), „Total erschöpft", Seite 108

1. Was ist Burn-out?

1.1 Stressauslösende Veränderungen im Arbeitsleben

Arbeitstakt und Arbeitsverdichtung im Berufsleben haben in den letzten Jahren deutlich zugenommen. Die elektronische und technische Weiterentwicklung hat uns viele Vorteile aber auch mehr Zeitdruck beschert. In unserer 24-Stunden-Leistungsgesellschaft gilt oft das olympische Motto: Höher, schneller, weiter. Ehrgeiz treibt uns an und motiviert uns, große Herausforderungen anzunehmen, schwierige Projekte umzusetzen, komplexe Aufgaben schnell zu erfassen und zu meistern. Unternehmen müssen im internationalen Wettbewerb bestehen. Menschen, Arbeitsprozesse und Produkte sollen gleichermaßen flexibel und effizient sein. Zeit ist Geld. Die Überstundenkonten vieler Mitarbeiter erreichen schwindelerregende Höhen, Erholungsurlaub wird aus „Zeitgründen" nicht genommen. Nicht nur in Pflegeberufen kommt zur körperlichen die psychische Belastung hinzu. Arbeitnehmer verlieren ihren Arbeitsplatz durch Insolvenz oder Stellenabbau in Unternehmen und bekommen bestenfalls eine neue – zeitlich befristete Anstellung – meist zu finanziell schlechteren Konditionen. Sie sehen sich gezwungen, mehrere Jobs anzunehmen, um ihr Leben zu finanzieren. Trotz guter Ausbildung und langer Berufserfahrung bleiben nicht wenige, gerade erst in ihrer Lebensmitte angekommen, arbeitssuchend. Weitere Stressoren am Arbeitsplatz sind: „... hohe Arbeitsbelastung und niedriger Handlungs- und Entscheidungsspielraum in stark hierarchisch strukturierten Unternehmen, Mangel an Wertschätzung und schlechte Personalführung. Die Depression wird zum Arbeitsunfall der Moderne" [Vgl. Unger-Kleinschmidt, Titel von Kapitel 1][3]. Berufstätige Männer wie Frauen befinden sich heute im täglichen Spagat zwischen Beruf und Familie. Wir spielen mehrere Rollen und müssen verschiedenen beruflichen und privaten Anforderungen gerecht werden: Karriere, fürsorgende Eltern und verständnisvolle Partner. Alles zugleich [vgl. Abbildung 1: Puppe-Stressoren].

Abbildung 1: Puppe – Stressoren

---

3 Unger - Kleinschmidt, (2009), „Bevor der Job krank macht", Seite 21-23

1.1 Stressauslösende Veränderungen im Arbeitsleben

1. Was ist Burn-out?

„... Multitasking ist eine Selbsttäuschung. Viele Menschen glauben zwar, dass sie manches gleichzeitig erledigen. Tatsächlich wechseln sie aber in Bruchteilen von Sekunden von einer Aufgabe zur anderen. Entscheidungen fällen kann man normalerweise immer nur eine zur selben Zeit"[4] sagt Prof. Iring Koch (Psychologe und Multitasking Experte an der Rheinisch/Westfälischen Technischen Hochschule).

1.2 Stressbedingte Veränderungen im Menschen

Nahezu alle Organe sind in verschiedenen Phasen von Stresssituationen betroffen. Die körperlichen Beschwerden folgen keiner genauen Checkliste. Sie treten phasenweise auf, entwickeln sich über einen längeren Zeitraum und verändern sich. Manchmal verschwinden sie auch kurzfristig wieder.

In Phase I (= sofortige Reaktion) sendet unser Körper erste Warnsignale. Körperliche Schmerzen und Beschwerden, wie z. B. Kopfschmerzen, Rückenschmerzen, Schlaf- und Verdauungsstörungen treten auf.

In Phase II (= verzögerte Reaktion) sind u. a. das Gehirn (Lern- und Erinnerungsvermögen werden deaktiviert), das Immunsystem (Abwehrfähigkeit nimmt ab), die Leber (gespeicherte Energien werden in „Treibstoff" umgewandelt), die Nebennieren (Kortisol-Ausschüttung mindert Darmfunktion und Immunleistung) betroffen.

In Phase III (= chronische Auswirkungen) reagieren die Organe nach langer und intensiver Belastungsphase: Das Gehirn (Erschöpfung und Gereiztheit bis zur Depression), der Darm (gedrosselte Blutversorgung, anfällige Magen- und Darmschleimhaut), das Immunsystem (Schwächung der Abwehrzellen) und die Blutgefäße (nachlassende Elastizität). [vgl. Abbildung 2: Stressoren und ihre Auswirkungen auf den Organismus] .

---

4 TK aktuell, Nr. 2/2011, Seite 9

1.2 Stressbedingte Veränderungen im Menschen

Stressreaktionen und ihre Auswirkungen auf den Organismus

Sofortige Reaktionen
Eine akute Bedrohung versetzt den gesamten Organismus in Alarmbereitschaft.

Gehirn
Das Denk- und Erinnerungsvermögen nimmt zu, das Schmerzempfinden sinkt.

Augen
Die Pupillen weiten sich, damit drohende Gefahr besser erkannt wird.

Lunge
Die Bronchien weiten sich, die Atmung ist beschleunigt. Über die Lunge wird mehr Sauerstoff aufgenommen.

Herz
Puls und Blutdruck steigen.

Leber
Sie stellt zusätzlichen Treibstoff für die Muskelzellen zur Verfügung.

Nebennieren
Hier werden die Angriffs- und Fluchthormone produziert – die Katecholamine.

Milz
Die Milz schwemmt vermehrt rote Blutkörperchen aus, damit mehr Sauerstoff zu den Muskeln transportiert werden kann.

Haare
Die Körperhaare richten sich auf (Gänsehaut).

Darm und Harnblase
Die Verdauung setzt aus, um Energie zu sparen.

Muskeln
In den großen Muskeln weiten sich die Blutgefäße zur besseren Energieversorgung.

Blut
Die Blutungsneigung sinkt, die Blutgerinnung nimmt zu.

Verzögerte Reaktionen
Um der Stresssituation „standhalten" zu können, finden folgende Stabilisierungsprozesse statt:

Gehirn
Zur besseren Stressverarbeitung wird der Bereich des Lern- und Erinnerungsvermögens aktiviert.

Immunsystem
Die natürliche Abwehrfähigkeit nimmt ab.

Leber
Gespeicherte Energien werden in „Treibstoff" umgewandelt.

Nebennieren
Sie geben Cortisol ab. Dadurch werden die Verdauung und die Immunleistung heruntergefahren.

Geschlechtsorgane
Je länger der Stress anhält, desto mehr wird die Produktion der Geschlechtshormone gedrosselt.

Chronische Auswirkungen
Zu viel Stress ist schädlich, weil Folgendes passiert:

Gehirn
Erschöpfung, Gereiztheit und Depressionen können Folge ständiger/überhöhter Cortisolausschüttung sein.

Darm
Die gedrosselte Blutversorgung macht Magen- und Darmschleimhaut anfällig für Geschwüre.

Immunsystem
Das Ausbremsen der Abwehrzellen schwächt auf Dauer das Immunsystem.

Blutgefäße
Ihre Elastizität lässt nach.

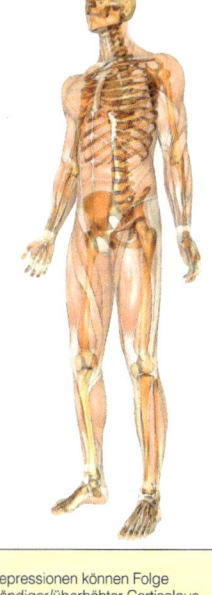

Abbildung 2:
Stressoren und ihre Auswirkungen auf den Organismus

2. Wer ist von Burn-out betroffen?

Hans-Peter Unger, Facharzt für Psychiatrie und Psychotherapie, Chefarzt des Zentrums für seelische Gesundheit an der Asklepios-Klinik in Hamburg-Harburg und Leiter der dortigen Tagesklinik für Stressmedizin und Depressionsbehandlung und Mitautor des Buches „Bevor der Job krank macht", hat eine kurze und einleuchtende Erklärung für die körperlichen Auswirkungen bei Dauerbelastung: „Wir sind auf Dauerstress evolutionär nicht vorbereitet."[5]

2. Wer ist von Burn-out betroffen?

2.1 Alter, Geschlecht, sozialer Status oder Beruf?

Burn-out scheint vor keinem Berufszweig halt zu machen. Besonders Menschen in Sozial- und Pflegeberufen sind aufgrund der körperlichen und seelischen Doppelbelastung besonders gefährdet. [„... neben Leiharbeitern sind besonders Frauen betroffen. Allein im vergangenen Jahr gingen deutschlandweit rund 39.000 weibliche Beschäftigte aufgrund psychischer Erkrankungen in eine Erwerbsminderungsrente – das entspreche seit 2000 fast einer Verdopplung...]"[6]. Die Liste dieser prominenten Beispiele wird von Männern im Alter zwischen 30 und 53 Jahren aus unterschiedlichen Berufszweigen angeführt:

Tim Mälzer (40, Fernseh-Koch):

„*... als hätte man mir die Stromkabel durchgeschnitten*".

Ralf Rangnick (53, Bundesliga-Fußballtrainer):

„*Der Akribiker*".

Peter Plate (44, Musiker der Gruppe Rosenstolz):

„*Panikattacke auf der Bühne*".

---

5 DER SPIEGEL WISSEN, (1/2012), „Der Chef als Löwe", Seite 19 und 23
6 Peter, Thüringer Allgemeine, 1./2. Mai 2012, Titelblatt, „Arbeitnehmer fehlen 54 Mio. Tage"

2.1 Alter, Geschlecht, sozialer Status oder Beruf?

Oliver Kahn (42, ehem. deutscher Nationaltorwart):

„*Das ist die Hölle, eine innere Hölle*".

Matthias Schweighöfer (30, Schauspieler):

„*... ich hätte mich am liebsten eingeschlossen*".[7]

Miriam Meckel (42, Kommunikationswissenschaftlerin), jüngste Professorin und NRW Politikerin):

„*Die Atemlose*".[8]

Sie waren als Selbstständige, Freiberufliche und als Führungskraft tätig und erlagen ebenso der totalen Erschöpfung wie laut Statistik (siehe Kapitel 2.2) eher Männer und Frauen im Angestelltenverhältnis mit geringen Entscheidungsbefugnissen oder Solchen, die unter schlechter Führung leiden. Wie groß muss die Seelentragödie von Fußballtorwart *Robert Enke* (32) gewesen sein, als er seinem Leben im November 2009 ein Ende bereitete. Ehefrau, Freunde und Fußballkameraden blieben fassungslos zurück. Der Schock ging weit über die Fußball-Fangemeinde hinaus. Suizid: Das traurige Ende eines wohl langen psychischen Leidenswegs und die fatale Folge schwerer Depressionen. „[... Robert Enke, Sohn eines promovierten Psychotherapeuten, hatte 2006 seine zweijährige Tochter wegen eines angeborenen Herzfehlers verloren ...]"[9]; vielleicht der Auslöser seiner Depressionen.

Bisher sind wenige Fälle aus der Politik veröffentlicht. Vielleicht auch deshalb, weil es vor allem in der Politik ein noch größeres Tabu ist, sich zu persönlichen Schwächen zu bekennen. *Thomas Oppermann* (parlamentarischer Geschäftsführer der SPD-Bundestagsfraktion) „hatte sich geöffnet und erzählt von diesem erbarmungslosen Spagat zwischen dem Dasein in der Extremsportart Politik und dem Bemühen, ein Familienleben damit zu verbinden". Das waren ein paar offene und ehrliche Worte in einer großen Tabuzone.

Danach war es Oppermann wohl wichtig, schnell zu beteuern, er sei „robust genug" für diesen Job.[10] Politiker benutzen das Wort „Krise" üblicherweise in politischem, wirtschaftlichem oder militärischem Zusammenhang, und meinen damit eher schwierige, tagespolitische Themen und Situationen in weltweiten Krisengebieten. Über eine persönliche Krise zu sprechen, scheint in der Politik absolut tabu. „[... offiziell gibt es keinen Menschen im politischen Betrieb, der unter Burn-out oder Depressionen leidet ...]".[11]

---

7   FOCUS (28.11.2011), "Was ist Burn-out?", Seite 80-86
8   stern, (29.09.2011), „Total erschöpft", Seite 118
9   Hompage Wikipedia, am 12.05.2012
10 DER SPIEGEL WISSEN, (1/2012), „Ausgestreckt am Expander", Seite 71
11 DER SPIEGEL WISSEN, (1/2012), „Ausgestreckt am Expander", Seite 73

2. Wer ist von Burn-out betroffen?

Nicht mehr inoffiziell ist dagegen das tragische Beispiel von Matthias Platzeck (67), ehem. SPD-Vorsitzender, den in 2006 nach einiger Zeit auf der politischen Überholspur zwei Hörstürze zum Umdenken zwangen. Er erklärte sich öffentlich mit den Worten: „Es geht nicht mehr! ... Ich habe am 11. Februar am Nachmittag einen Kreislauf- und Nervenzusammenbruch gehabt. Ich habe sieben, acht Tage gebraucht, bis alles wieder richtig tickte."
Wie lange vorher Platzecks Körper richtig gut tickte, bevor seine Gesundheit am 11. Februar 2006 austickte, ist nicht bekannt. Und offenbar ganz unten am Ende der Erschöpfungsspirale angekommen, gesteht er sich und der Öffentlichkeit ein: „Ich habe den Ratschlägen meiner Ärzte damals nicht Folge geleistet und am 29. März einen nächsten Hörsturz erlitten mit erheblichem Verlust des Hörvermögens."[12]

Wie kann es soweit kommen? Warum gönnen wir unserem Smartphone oder Laptop regelmäßige Zeiten, den Akku wieder aufzuladen, verweigern jedoch Körper, Geist und Seele den wichtigen Stopp an der Tankstelle?

Franz Müntefering (ehem. SPD-Vorsitzender) hat einmal erwähnt, dass „Tankstellen im Leben fehlen ... und auch Frohnaturen wie er können an die Grenzen dessen kommen, was Leib und Seele noch mitmachen."[13] Unbekannt ist, ob Herrn Müntefering diese Erkenntnis vor oder nach seinem Zusammenbruch am Rednerpult 2005 kam. Seinen offensichtlichen Schwächeanfall erklärte man mit „Dehydrierung". Ein deutliches Zeichen dafür, dass „Schwäche" weder gezeigt noch beim Namen genannt werden darf. Wenn das so ist und Schwäche Unfähigkeit bedeutet, werden wir uns weiterhin im Konflikt Weichei - Kontra - Leistungsgesellschaft befinden. Ist erst der körperliche Totalausfall Anlass genug, sich zurück zu ziehen oder eine Auszeit zu nehmen? Warum fehlt uns der Mut zwischendurch einen Gang zurück zu schalten und die Verantwortung für uns selbst zu übernehmen? Wen wundert ernsthaft, dass die Anzahl der psychischen Erkrankungen zusehends wächst?

Wie das Thema Burn-out unter den Politikern selbst behandelt wird, beschreibt der Minister und Mediziner Lauterbach: „Persönliche Schwächen des Einzelnen, sind das Kapital des politischen Gegners – und im Übrigen auch des Parteifreundes."[14]

12, 13, 14   Christoph Schwennicke, DER SPIEGEL WISSEN (1/2012),
„Ausgestreckt am Expander", Seite 72, 73

2.1 Alter, Geschlecht, sozialer Status oder Beruf?

Auch diese „nicht prominenten" Männer und Frauen, zwischen 32 und 46 Jahren mit sehr unterschiedlichen Berufen gerieten in die Spirale der Erschöpfung und überhörten offenbar erste Anzeichen und Warnsignale:

- Ina Rixen (39), „die Übermotivierte", Personalleiterin.
- Frank Krause (46), „der Einsichtige", Unternehmensberater.
- Stefan Heinrich (32), „der Kümmerer", Erzieher und Streetworker.
- Ingo Schmitz (46), „der Konsequente", Vorstandsmitglied.
- Edeltrud Harder (45), „die Multi-Taskerin", Bürokauffrau.[15]

Dennoch: Nicht alle Menschen landen zwangsläufig im Seelenkeller. Die persönliche Empfindung und die individuelle Bewertung jedes Einzelnen für sich und seine Situation sind wohl ausschlaggebend. Persönliche Veranlagungen des Menschen, wie z. B. die eigene Sichtweise im Umgang mit Konflikten oder die Belastbarkeit eines jeden Einzelnen in Stresssituationen spielen eine große Rolle. Wer eine hohe Belastbarkeit besitzt, ist weniger stressanfällig, weil eine schnellere Erholung und Entspannung möglich ist. Individuelle und persönliche Strategien zur Bewältigung von privaten und beruflichen Belastungsphasen können Stressoren mindern und einem Ausbrennen vorbeugen.

„[... Männer und Frauen erleben Stress unterschiedlich ... Männer leiden besonders bei ungenügender Beförderung ... oder unter dem Eindruck eingeengt zu sein, z. B. im Straßenverkehr oder als Beifahrer. Zu den wichtigsten Stressoren bei Frauen zählt die Doppelbelastung durch Familie und Beruf ... Frauen empfinden oft auch Stress in Diskussionen bei unterschiedlicher Auffassung oder bei Konflikten ...]"[16], Frauen möchten nicht nur im Beruf vor allem „sympathisch, kompetent, professionell und kooperativ"[17] sein, reagieren bei Stress jedoch „oft passiv, ängstlich, resignieren und ziehen sich zurück".[18]

Auch in der Stressbewältigung unterscheiden sich Männer (verstärkte Risikofreude, Aggressivität oder erhöhter Alkoholkonsum) deutlich von ihrem Gegenpart.

---

15 stern, (29.09.2011), „Total erschöpft", Seiten 106 - 116
16 Wagner-Link Angelika, (TK Broschüre 2011), „Der Stress", Seite 13
17 Hovermann Claudia, (2008), „Starke Frauen reden Klartext", Seite 12
18 Wagner-Link Angelika, (TK Broschüre 2011), „Der Stress", Seite 13

2. Wer ist von Burn-out betroffen?

Menschen, die ungeduldig im Umgang mit sich selbst und anderen sind, ständig nach hoher Leistung streben, sich in Dauerkonkurrenz befinden und Perfektionisten in jeder Beziehung sind, nennt die Forschung „[... Typ-A-Menschen. Sie zeichnen sich außerdem durch hohes Verantwortungsbewusstsein, Hektik und Aggressionsbereitschaft aus. Daher leidet der Typ-A-Mensch häufig unter z.b. Kopfschmerzen oder Bluthochdruck, ohne sich bewusst zu sein, dass diese Beschwerden in Zusammenhang mit seinem Lebensstil oder der Lebenseinstellung stehen könnten ...]".[19]

2.2 Statistiken und Zahlen zu Alter, Geschlecht, sozialem Status, Beruf

Die Kernaussagen der aktuellen Statistik des Robert-Koch-Instituts (RKI) zur Verbreitung psychischer Erkrankungen lauten:

- 8% der Frauen und 5% der Männer geben eine in den letzten 12 Monaten diagnostizierte Depression an.
- Eine aktuelle seelische Belastung besteht bei 13% der Frauen und 8% der Männer.
- Personen im Alter von 50 bis 60 sind häufiger in ihrer psychischen Gesundheit beeinträchtigt als Personen in anderen Altersgruppen.
- Höherer sozialer Status geht mit einer besseren psychischen Gesundheit und einer gesünderen Lebensweise einher.
- Eine gesündere Lebensweise (z. B. Ernährung, Bewegung) ist mit geringeren Beeinträchtigungen der psychischen Gesundheit verbunden.
- 15% der Patienten sterben durch Suizid nach schweren Depressionen!

Aufgrund von Angststörungen beklagt jede 5. Frau und jeder 10. Mann, dass ihr Alltag stark beeinträchtigt sei ...]"[20]. Diese Aussagen belegen, dass Frauen häufiger als Männer von psychischen Störungen betroffen sind, „[... obwohl sie eine gesündere Lebensweise und ein höheres Interesse an Gesundheitsprävention haben, als Männer.

---

19 Wagner-Link Angelika, (TK Broschüre 2011), „Der Stress", Seite 13
20 Vgl. Homepage Robert-Koch-Institut, (7/2011), „Kernaussagen: Zahlen und Trends aus der Gesundheitsberichterstattung des Bundes", am 14.02.2012

2.2 Statistiken und Zahlen zu Alter, Geschlecht, sozialem Status, Beruf

Aber nicht immer stellen die aufgesuchten Ärzte die richtige Diagnose und leiten die richtige Behandlung ein. Grundsätzlich fällt auf, dass die physische Gesundheit (starkes Übergewicht, Herz-Kreislauf-Probleme, Alkohol- und Drogenmissbrauch, sportliche Inaktivität) in sozial benachteiligten Personengruppen schlechter sei als bei Angehörigen der Mittel- und Oberschicht ...]"[21].

Alarmierend sind auch die Zahlen der aktuell veröffentlichten Statistik „[... Arbeitsunfähigkeit wegen psychischer Erkrankung und Verhaltensstörung. Danach gehen 13,1 % der bundesweit erfassten 53,5 Millionen Fehltage in 2010 auf das Konto „psychischer Erkrankungen". Der prozentuale Anteil dieses Krankheitsbildes hat sich demnach seit 2001 verdoppelt"![22]

---

21 Vgl. Homepage Robert-Koch-Institut, (7/2011), „Zahlen und Trends aus der Gesundheits-Berichterstattung des Bundes", Rubrik „Psychische Gesundheit und gesunde Lebensweise", am 14.02.2012
22 Rathay Peter, „Arbeitnehmer fehlen 54 Millionen Tage", Thüringer Allgemeine, 01./02.05.2012, Titelblatt und Abbildung 4 a:/4 b: Abbildungsverzeichnis

3. Die Spirale der Erschöpfung

Nicht jede Stress- und Belastungsphase führt unweigerlich zum Burn-out. Entscheidend sind Art, Dauer, Häufigkeit und Intensität dieser Stressphasen. „[... Forscher sind sich jedoch darüber einig, dass Stress kurz- und langfristig ungünstige Auswirkungen auf das psychische und physische Befinden haben kann ...]".[23] Grundsätzlich gilt: Werden Belastungsgrenzen (auch menschliche) dauerhaft überschritten, steigt das Risiko, in die Burn-out-Spirale zu geraten. Es kann zum körperlichen Kollaps kommen. Wie gerät Mann oder Frau in die Spirale? Können wir bei ersten Erschöpfungsanzeichen Fluchtwege und Notausgänge aus der Spirale erkennen (Selbstanalyse, Bewusstmachen) und nutzen? Gibt es auf irgendeiner Stufe nach unten ein Zurück oder verfügt die Spirale der Erschöpfung über eine Eigendynamik, die unweigerlich zur Depression und in den Burn-out führt? Jeder von uns ist täglichen „Stressoren" [vgl. Abbildung 1: Puppe Stressoren][24] wie Termin- und Leistungsdruck, Konflikten, Misserfolgen, Unzufriedenheit, Doppelbelastung mit Beruf und Familie, Sorgen, gesundheitlichen Problemen ausgesetzt und managt nicht nur sich selbst, sondern sorgt darüber hinaus für Mitarbeiter, Familie, Kinder oder pflegebedürftige Angehörige. Die Selbstanalyse (wie reagiere ich warum in welcher Stresssituation?) und das Sich-Selbst-Bewusstmachen von Belastungssituationen kann ein hilfreiches Handwerkszeug für die persönliche Stressbewältigung sein. "[... in den letzten Jahren hat sich gezeigt, dass psychosoziale Stressoren massiv zunehmen, d. h. wer mit Problemen am Arbeitsplatz zu kämpfen hat, oft in schlechter Stimmung ist und im ständigen Kleinkrieg mit dem Nachbarn lebt, leidet häufig unter chronischem Stress ...]".[25]

Es ist also DIE Summe von Stressauslösern im privaten UND beruflichen Umfeld, die uns in die Erschöpfung führen kann. Sicher können wir uns die Anzahl und Intensität von Stresssituationen nicht aussuchen, negative Dauerreize nicht ausschalten und unsere Mitmenschen nicht ändern. Aber wir können uns selbst ändern!

Bei der Bewertung vieler persönlicher Konflikte spielt das Selbstbewusstsein sowie persönliche Erfahrungen im Umgang mit Konflikten eine große Rolle. Wer von uns hat in Kindheit oder Jugend gelernt, richtig zu „streiten"? In welcher Familie oder Schule wurde echte „Streitkultur" gelehrt und gelebt? „[... Kritikgespräche sind bekanntlich schwierige Gespräche und bedürfen einer

---

23, 24, 25   Wagner-Link Angelika, (TK Broschüre 2011), „Der Stress", Seite 8, 11 und Abbildung 1: Abbildungsverzeichnis

3. Die Spirale der Erschöpfung

gründlichen Vorbereitung, Soll- und Ist-Analyse der Situation und vor allem einer kritischen Selbstbetrachtung: Wie ist mein Standpunkt? Was genau kritisiere ich? Wie argumentiere ich und wie bleibe ich dabei sachlich und respektvoll meinem Gesprächspartner gegenüber? Wie und ob Menschen mit Kritik umgehen können, hängt u. a. von bestimmten Persönlichkeitsmerkmalen ab: Der „Verzagte", Der „Mutige" oder der „Ängstliche" Typ Mensch ...].[26]

Die Grenzen der Erschöpfungsphasen verlaufen fließend über einen längeren Zeitraum, so dass der Übertritt in die nächste Phase nach unten schleichend und unbemerkt erfolgt. Dr. Hans-Peter Unger und Carola Kleinschmidt [vgl. Abbildung 3: Die Spirale der Erschöpfung][27] unterteilen den Verlauf der Erschöpfung in ihrem Buch in drei Stufen. Im Folgenden werden anhand der Grafik „Die Spirale der Erschöpfung", mögliche Parallelen und Widersprüche zu den einzelnen Stufen mit den persönlichen Erfahrungen Betroffener (Männer und Frauen in unterschiedlichem Alter mit verschiedenen Berufen und sozialem Status) und den Aussagen meiner beiden Interviewpartner „Max" und „Lisa" verglichen.

---

26 Vgl. Benien Karl, (2009), „Schwierige Gespräche führen", Kapitel „Konflikte", Seite 180 und 206
27 Vgl. Unger-Kleinschmidt, (2009), „Bevor der Job krank macht", Seite 97 und Abbildung 3 Abbildungsverzeichnis

3. Die Spirale der Erschöpfung

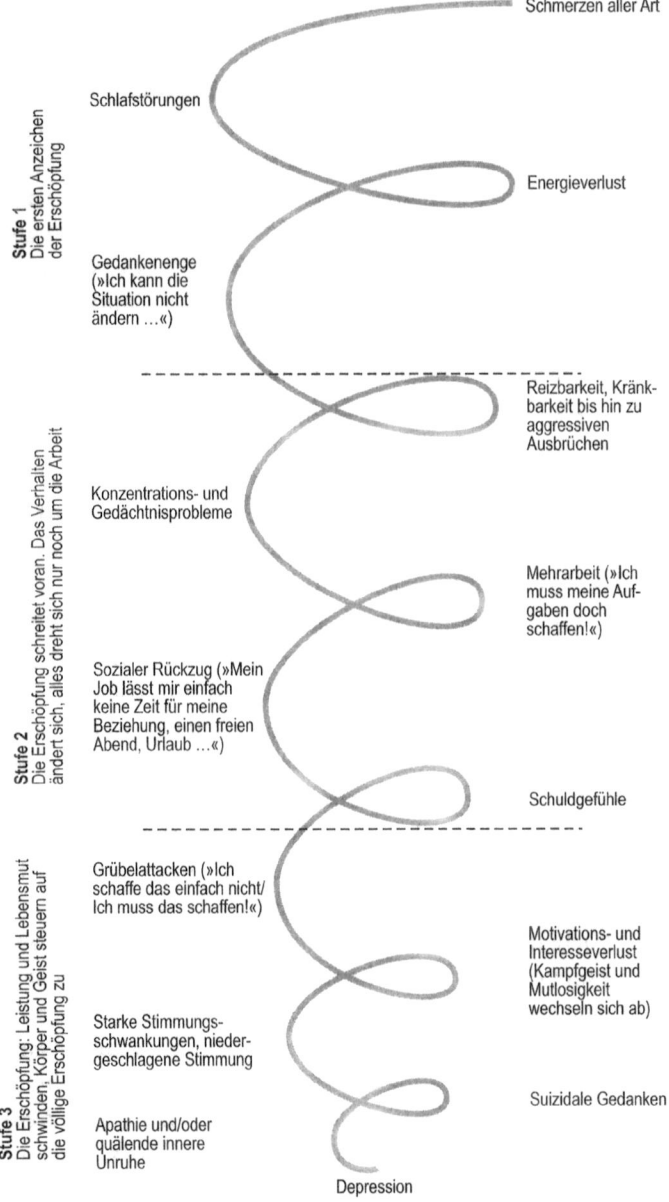

Abbildung 3: Die Spirale der Erschöpfung

3.1 Die Phasen der Erschöpfung: Vom körperlichen Schmerz bis zum seelischen Zusammenbruch

Stufe 1, die von ersten Anzeichen der Erschöpfung mit Schmerzen aller Art (z. B. Kopf- und Rückenschmerzen), Schlaf- und Wiedereinschlafstörungen (Grübelattacken), Energieverlust (Reizbarkeit und Aggression) begleitet wird. Sportpsychologe Jürgen Lohr berät und coacht Profifußballer und Führungskräfte von der Luft- und Raumfahrtindustrie bis hin zu Reinigungsfirmen. Er erkennt „Burn-out-Kandidaten in seinen Seminaren an ihren Konzentrationsproblemen, ihrer Gereiztheit und den typischen Sätzen: Ich bin ziemlich müde. Die Wellen schlagen gerade über mir zusammen. Ich weiß gar nicht, wo ich anfangen soll."[28]

Oft haben dabei die Schmerzen keinen organischen Grund, sondern sind erste Warnsignale des Körpers für Entspannung und Ausgleich zu sorgen und inne zu halten. Die Betroffenen scheinen diese erste Phase jedoch häufig zu ignorieren - ja, anderen und sogar sich selbst gegenüber zu leugnen. Erschöpfung wird oft mit „Schwäche" gleichgesetzt. Die will man dem Chef, den Kollegen, der Familie gegenüber in keinem Fall zeigen. Man hat doch zu „funktionieren". Mit diesem Lebensmotto sind vor allem viele von uns Frauen (perfekte Partnerin, gute Mutter, erfolgreiche Karrierefrau) groß geworden.

Von seiner (Er-)schöpfungskraft getrieben (20 Arbeitsstunden täglich und nach der 400. Kochsendung) berichtet *Tim Mälzer* heute (40, bekannter Fernsehkoch), "… dass er keine Freude mehr empfand, teilnahmslos war, innerlich wie aufgezehrt, einsam in der Mitte seiner vielen Mitmenschen" und so geradewegs in seine Erschöpfungsspirale steuerte. Dabei scheint er die körperlichen Warnsignale in Phase I (Schmerzen, Unruhe, etc.) völlig verdrängt, überhört, ja einfach übersprungen zu haben. „… was er erst viel später, nach einem Klinikaufenthalt und Dutzenden von Gesprächen versteht".[29]

Max (damals 47, verheiratet, zwei 9 und 7 Jahre alte Kinder) managte als Vertriebsleiter scheinbar „spielend" 50 ihm unterstellte Mitarbeiter. Das funktionierte anfänglich mit 10-12 Arbeitsstunden (Montag bis Freitag) recht gut, dann erhöhte sich die Arbeitszeit und dehnte sich nach und nach auf „… hin und wieder eine Stunde am Wochenende und immer öfters auch halbe und später ganze Samstage zum Aufräumen aus. Im Nachhinein erinnere ich, dass mich schon 1,5 Jahre VOR dem Burn-out immer öfter Rückenschmerzen,

---

28 stern (29.09.2011), „Total erschöpft", Seite 116
29 FOCUS, (28.11.2011), „Was ist Burn-out?", Seite 83

3. Die Spirale der Erschöpfung

Schlafstörungen, insbesondere Wiedereinschlafschwierigkeiten plagten, die 6 Monate vor der totalen Erschöpfung besonders ausgeprägt waren. Ich schätzte meine Situation damals als vorübergehend ein und reagierte beruflich scheinbar souverän und verletzend, privat, vor allem meinen Kindern gegenüber, eher aggressiv."[30] Als der „[... Kümmerer" *Stefan Heinrich* (heute 32, Produktdesigner) ab dem achten Lebensjahr seine an Multipler Sklerose erkrankte Mutter umsorgte, gingen andere Kinder zum Sport; er entleerte Urinbeutel. Seine Mutter starb nach 13 Jahren Krankheit. Da waren seine Kindheit, Pubertät und Jugend vorbei. Stefan brach zwei Ausbildungen ab, wurde Erzieher und Streetworker. Nächtelang lag er wach, klagte über Kopf- und Nackenschmerzen]."[31]

Die Pforte zur **Stufe 2** öffnet sich, das Gehirn kränkelt (Konzentrations- und Gedächtnisprobleme), Verhaltensänderungen (Reizbarkeit, Aggression) kommen auf, die Gesundheit schwächelt (stärker werdende Rücken-, Kopf- und Nackenschmerzen, Migräne, Herzrasen).

Auch der Akribiker *Ralf Rangnick* (53, Fußballtrainer-Bundesliga) ignorierte die gelbe Karte seines Körpers, agierte weiterhin „... als Besessener in seiner Mission. Seine Übermotivation machte ihn zum Selbstverbrenner, wie es in der Sportbranche heißt."[32]

Karrieremann *Frank Krause* (46, Unternehmensberater) hatte seine persönliche Gewinn- und Verlustrechnung ohne seine körperlichen und geistigen Grenzen gemacht. 14-Stunden-Tage, 180 Hotelübernachtungen pro Jahr und zahllose Meetings regten ihn nicht zum Innehalten an, sondern trieben ihn weiter: Plötzlich „an einem Sonntagmorgen nach einer durchwachten Nacht" befand er sich inmitten seiner ganz persönlichen, körperlichen Insolvenz (Stufe 2). „Mein Gehirn spielte verrückt, eine Flut von negativen Gedanken, gegen die ich mich nicht wehren konnte. Ich, der ich für Problemlösungen bezahlt wurde, war unfähig meine eigenen Probleme zu lösen."[33]

Max unterlag in der Stufe 2 einer Selbsttäuschung. „Ich hatte eher das Gefühl, ich müsse eine einmalige Herausforderung meistern und danach liefe alles besser. Zum Beruflichen kam die private Situation mit finanzieller Belastung für Immobilien, und mein schlechtes Gewissen, zu wenig Zeit für meine Familie und für mich selbst zu haben."[34]

---

30 Interview mit „Max", siehe Anhang
31, 32, 33   stern, (29.09.2011), „Total erschöpft", Seite 108, 112
34 Interview mit „Max", siehe Anhang

3.1 Phasen der Erschöpfung: Vom Schmerz zum Zusammenbruch

Selbstvorwürfe: (Ich muss meine Arbeit doch schaffen), Schuldgefühle: (Ich kümmere mich zu wenig um meine Familie) und sozialer Rückzug: (Ich habe keine Zeit für Beziehung, Sport, Freunde und Freude, Freizeit und Urlaub) sind in jeder Geschichte einmal zu lesen. Die Arbeitszeit erhöht sich schleichend und wird sogar auf das Wochenende („… am Samstag ins Büro zum Aufräumen")[35] ausgedehnt, Urlaubstage werden angehäuft, weil Mann/Frau scheinbar unentbehrlich im Betrieb ist.

In der Stufe 2 (mitten in der Erschöpfungsspirale) scheint es kaum noch einen Selbsthilfemechanismus zu geben, der uns retten kann. Nach Wochen und Monaten physischen und psychischen Marathons, der Ignoranz und des Selbstbetrugs, rebellieren Körper, Geist und Seele. Sie zeigen uns ALLE roten Karten in der **Stufe 2** „… der antriebslose Flug beginnt"

Nun scheint nichts mehr den Seelenkollaps aufzuhalten: Motivations- und Interessenlosigkeit (Tätigkeiten und Menschen, die uns viel bedeutet und Spaß gemacht haben, werden unwichtig), starke Stimmungsschwankungen (Kampfgeist und Mutlosigkeit) wirbeln den Geist durcheinander. Grübelattacken bringen sogar suizidale Gedanken. Die Depression gipfelt in Apathie und quälender Unruhe (Herzrasen).

Der menschliche Totalausfall, der biologische Super-GAU, die letzte Treppenstufe im Seelenkeller, das Ende der Erschöpfungsspirale ist erreicht: Burn-out. Nichts geht mehr! Jedenfalls, so die Betroffenen, nicht ohne professionelle Hilfe. Die hat *Michael Linde* (43, Software-Spezialist)[36] in 2010 erstmals (widerwillig) gesucht. 13 Jahre nach Firmengründung (von 2 auf 40 Mitarbeiter) und als selbstständiger IT Berater, beruflich und finanziell auf permanentem Höhenflug, den er mit 60-Stunden-Wochen (natürlich inkl. Wochenende) „mühelos meisterte", quittierte ihm seine Frau mit Trennung; sein Körper mit Tinnitus. Michael hatte wohl jahrelang seine damals schwangere Frau und Freunde als nette Dekoration empfunden, geplante Urlaube mit seiner Familie mehrfach abgesagt. Obwohl ihn die Trennung „aufrüttelte" und er sich fest vornahm, „weniger zu arbeiten und loszulassen", wurde er rückfällig und zum Workaholic-Junkie. Ein Jahr und ein vielversprechendes IT-Projekt weiter, gesellten sich zum Tinnitus noch ein Magengeschwür und massive Schlafprobleme. 3-4 Stunden Schlaf pro Nacht waren völlig ausreichend für Michael „… nun hatte ich mehr Zeit zur Verfügung. Um fünf Uhr morgens zum Sport, danach zur Arbeit … das war wie eine Art Dauer-Jetlag."

---

35 Interview mit „Max", siehe Anhang
36 DER SPIEGEL WISSEN, (1/2012), Seite 51

3. Die Spirale der Erschöpfung

Seit einiger Zeit funktionierte seine eigene Software nicht mehr. Michael fehlte jegliche Motivation „... vieles fühlt sich nur noch bleiern an."

Der Mensch als soziales Wesen braucht Anerkennung und Aufgaben. Arbeit und Berufstätigkeit sind wichtige Bestätigung und Antrieb für uns. Aber wie ist es zu erklären, dass wir unseren natürlichen Selbsterhaltungstrieb, unser Bauchgefühl und die deutlichen körperlichen Warnsignale so lange und so konsequent ignorieren und vor uns selbst verleugnen?

Die Begeisterung, die wir für unsere Arbeit oder ein Projekt brauchen, scheint sich an einem bestimmten Punkt unmerklich in Überforderung zu verkehren. Wenn uns dieser Übergang nicht bewusst wird, kein Innehalten stattfindet und länger andauert, drückt der Körper die Reset-Taste, es kommt zur Erschöpfung, zur totalen Erschöpfung. *Max:* „... In der Phase überwog die Fehleinschätzung, dass dies eine vorübergehende Überbelastung sei, die mit mehr Einsatz zu überwinden wäre...".[37]

Frank Krause fühlte sich „nach seiner Kündigung und in seiner siebenmonatigen Auszeit auf einer australischen Schaffarm „... wie ein Drogenabhängiger auf Entzug – auf kaltem Entzug von meiner Arbeitssucht".[38]

Der eigene, oft übertriebene Ehrgeiz, Leistungsdruck und -tempo beginnen oft schon viel früher. Neben den Lehrern leiden immer mehr Schüler und Studenten unter Netzwerkstörungen im Gehirn. Jula Mächler[39] (17, im letzten Jahr vor dem Abitur) hat 12 Fächer. Ihr „lockeres Schülerleben" hat harte Bedingungen: Ein bis zwei Klausuren pro Fach, etliche weitere Leistungsnachweise und eine Seminararbeit pro Halbjahr (!) sind Bedingung. Das macht pro Woche 35 – 40 Unterrichtsstunden. Einmal wöchentlich gibt sie Nachhilfeunterricht, um das Taschengeld aufzubessern und engagiert sich darüber hinaus als Stufensprecherin. „... Der Schulstress wirkt sich heftig auf die Gesundheit aus ... bei manchen hat der Stress bedrohliche Ausmaße angenommen .... Eine Klassenkameradin ist neulich in der Schule in Tränen ausgebrochen und zitterte, weil sie den Mathe-Test verhauen hatte. Die Jungens flüchten sich in den Alkohol. Statt mal mit einem Bierchen betäuben sich einige von ihnen jeweils mit einer halben Flasche Wodka, um den Stress zu vergessen." Jula achtet dennoch auf den nötigen Ausgleich und hört auf ihren Körper „... ich gehe trotz der langen Tage noch joggen, sonst kann ich den Stress nicht abbauen."[40]

---

37 Interview mit „Max", siehe Anhang
38 stern, (29.09.2011), „Total erschöpft", Seite 108
39, 40 DER SPIEGEL WISSEN, (1/2012), „Patient Seele", Seite 61

3.2 Interview mit zwei Betroffenen

Der Fragenkatalog, den Lisa und Max[41] bezogen auf ihre persönliche Burn-out-Geschichte beantwortet haben, basiert auf der „Spirale der Erschöpfung". Während meiner Recherchen fiel immer wieder auf, dass die persönlichen Berichte unterschiedlicher Menschen mit diversen Berufen, Männer und Frauen in angestellter oder selbstständiger Position unabhängig voneinander die Phasen ihres Krankheitsverlaufs jeweils sehr ähnlich beschrieben haben. Die zitierten Betroffenen (Prominente und nicht öffentliche Personen) beschreiben meist mit wenigen Sätzen nur einen gewissen Ausschnitt ihrer Geschichte.

Die Fragen an meine Interviewpartner beziehen sich jeweils auf alle Stufen der Erschöpfungsspirale. Meine Interviewpartner (ich habe bewusst eine Frau und einen Mann befragt) kennen sich nicht und haben die gleichen Fragen unabhängig voneinander beantwortet. Mit diesen Antworten kann ein kompletter Ablauf des jeweiligen Erschöpfungsberichts aufgezeigt werden: Vom Beginn der körperlichen Schmerzen bis zum Tag X, dem Burn-out. Die Antworten aus beiden Interviews, tabellarisch gegenübergestellt, bestätigen meinen Eindruck. „Lisa" und „Max" haben lange vor ihrem totalen Zusammenbruch körperliche Schmerzen empfunden. Beide hatten etwa in der Mitte der Stufe 2 die Vorahnung, dass es weiter bergab gehen würde. Sie hatten jedoch nicht die Kraft, die Notbremse zu ziehen. Ohne fachliche Hilfe konnten Sie den Notausgang aus der Erschöpfung heraus nicht finden.

Nach dem Eintritt in die Stufe 3 hinab in den Seelenkeller scheint es für den Betroffenen allein kein „Zurück" oder „Heraus" mehr zu geben: Der völlig erschöpfte und kraftlose Mensch schafft es oft selbst kaum noch, eine Arztpraxis aufzusuchen. Auffallend ist, dass „Lisa" und „Max" die Fragen zur letzten Stufe, am ausführlichsten und längsten beantwortet haben.

---

41   Interview mit „Lisa" und „Max", siehe Anhang

3. Die Spirale der Erschöpfung

3.3 Parallelen und Unterschiede im jeweiligen Burn-out-Verlauf

Meine Fragen zu den Stufen 1 bis 3 und die entsprechenden Antworten von „Lisa" und „Max" sind für eine bessere Übersicht nachfolgend tabellarisch zusammengefasst:

Stufe	Meine Frage:	Antwort Lisa:	Antwort Max:
		35 Jahre, ledig, keine Kinder, kaufmännische Angestellte in einem Unternehmen mit ca. 2000 Mitarbeitern	*47 Jahre, verh., 9 und 7 Jahre alte Kinder, 50 unterstellte Mitarbeiter in Unternehmen mit ca. 1000 Mitarbeitern*
Stufe 1	Wie viel Stunden täglich (inkl. Dienstreisen und Übernachtungen) hast du vor deinem Zusammenbruch gearbeitet?	ca. 9,5 Stunden.	ca. 10 - 12 Stunden.
	Wie viel Stunden täglich hast du vor dem Zusammenbruch nach Feierabend noch mit beruflichen Arbeiten verbracht?	Keine.	Zunächst eine Stunde täglich, später bis zu vier Stunden an Wochenenden im Büro.
	Wie viel Stunden pro Woche (damals) hast du mit Familie/ Freunden verbracht?	Keine genaue Erinnerung mehr, ca. 1,5 Std./ Woche.	Während der Woche: ein gemeinsames Frühstück, am Wochenende überwiegend mit Familie.
	Wann, wie lange etwa vor dem Zusammenbruch traten körperliche Schmerzen und/oder Schlafstörungen auf?	Erste körperliche Beschwerden: vor 13 Jahren, Schlafstörungen: 1 Jahr vor Burn-out.	Rückenschmerzen: 1 bis 1,5 Jahre davor, akute Schlaf- u. Wiedereinschlafstörungen 6 Monate davor.
	Gab es die Selbsterkenntnis: Ich schaffe das nicht mehr/ Energieverlust?	Ja, bewusst gespürt habe ich es ca. 10 Monate davor.	In dieser Phase überwog die Fehleinschätzung, dass es eine vorübergehende Überbelastung sei, die mit mehr Einsatz zu überwinden wäre.
	Hast du dich überfordert (beruflich oder auch privat) gefühlt?	Sowohl als auch: Zuerst kam die berufliche, dann erst die private Überforderung.	Zum Beruflichen kam die private Situation mit finanzieller Belastung für Immobilien und das Gefühl, zu wenig Zeit für Familie und mich selbst zu haben.

3.3 Parallelen und Unterschiede im jeweiligen Burn-out-Verlauf

Stufe	Meine Frage:	Antwort Lisa:	Antwort Max:
	Hast du selbst versucht, Veränderungen herbeizuführen?	Ja, habe mehrfach, erfolglos, das Gespräch mit Vorgesetztem gesucht, stattdessen mehr Aufgaben und Verantwortung.	Nein, nicht wirklich.
	Warst du öfter gereizt, gekränkt, aggressiv (beruflich/privat)?	Ja, auch dies habe ich bewusst 10 Monate vor Zusammenbruch gespürt, erst beruflich, dann privat.	Beruflich unsouverän und verletzend, privat eher aggressiv gegenüber den Kindern.
Stufe 2	Hast du Konzentrations- und Gedächtnisprobleme festgestellt oder wurdest du darauf hingewiesen? Wenn ja, von wem?	Ja, sind mir selbst, besonders beruflich, aufgefallen. Angesprochen hierauf wurde ich bis zum Zusammenbruch von niemandem.	Ja, selbst habe ich sowohl Konzentrations- als auch Gedächtnisprobleme festgestellt, mit extremen Formulierungsschwierigkeiten bei Mails oder Briefen. Ich war oft abgelenkt durch Umgebungslärm (Großraumbüro) und konnte nur noch abends einigermaßen konzentriert arbeiten. Beim Autofahren haben ich selbst und meine Frau bei mir Konzentrationsschwächen und schnelle Ermüdung festgestellt.
	Hast du in dieser Phase mehr/länger gearbeitet und Zeiten/Termine mit Familie, Freunden vernachlässigt?	Die tägliche Arbeitszeit hat sich schleichend von ½ auf 2 Stunden erhöht, auch wegen Konzentrationsstörungen. Ich wurde zum Workaholic, private Verabredungen habe ich oft verschoben oder abgesagt.	Länger gearbeitet, weil die Effizienz meiner Arbeit immer stärker sank. Ich habe mich bei privaten Terminen immer öfter ausgeklinkt, mit der Begründung, ich müsse in Ruhe aufarbeiten. Habe dann aber in diesen Zeiten kaum etwas geschafft, sondern eher gegrübelt.
	Hast du die Zeiten mit Familie/Freunden noch genossen, oder war es dir lästige Pflicht?	Nun gilt es ehrlich zu sein: Es wurde zu einer lästigen Pflicht. Entweder war ich gedanklich an der Arbeit oder einfach nur erschöpft.	Es war eher lästige Pflicht, weil ich auch keinen Spaß daran hatte und mich selbst als spaßbremsend erlebte.

3. Die Spirale der Erschöpfung

Stufe	Meine Frage:	Antwort Lisa:	Antwort Max:
	Hattest du Schuldgefühle oder Grübelattacken? Wenn ja, hast du das mit dir ausgemacht oder mit jemandem darüber gesprochen?	Schuldgefühle, weil ich meinte, ich stoße mein Umfeld vor den Kopf, wenn ich mal wieder einen Termin platzen ließ. Grübelattacken hatte ich in Nächten mit max. noch 1,5 Stunden Schlaf. Ich habe das mit mir allein ausgemacht.	Ja, sehr viele Grübelattacken, Sich-im-Kreis-drehen, nur Probleme sehen. Ich fühlte mich schuldig für die Situation, dass ich als Alleinverdiener nicht die nötige finanzielle Entspannung sicher stellen konnte. Hatte mich vertrauten Kollegen gegenüber geäußert, die das als „Jammern" verstanden. Ca. 2 Monate vor dem Zusammenbruch habe ich einen Freund und ehem. Kollegen um konkrete Hilfe bei Arbeitsthemen gebeten, die er ablehnte, weil er in Ruhestand war.
Stufe 3	Hast du Motivations- und Interessenlosigkeit oder starke Stimmungsschwankungen erlebt?	Die Begriffe „Motivation" und „Interesse" gab es für mich nicht mehr. Es gab nur noch „Arbeit". Meine Stimmung schwankte ständig.	Ja, ich hatte seit mehreren Monaten das Gefühl der Kraftlosigkeit gepaart mit einem Versager-Gefühl. Zwischendurch ... Hochphasen ... Momente, in denen ich dachte, wenn ich so diszipliniert weiterarbeite, ginge es wieder bergauf. Das hielt nicht lange an. Immer häufiger überwogen die kraftlosen Phasen.
	Hast du während der Phasen einmal oder öfter an Suizid gedacht?	Erst später, während der Krankenphase.	In der kurzen Phase zwischen Zusammenbruch und Beginn der stationären Therapie erinnere ich mich an zwei Situationen in der S-Bahn ..."Gelegenheit", mich vor den Zug zu werfen.
	Warst du apathisch oder hast quälende Unruhe verspürt?	Ständige, innere Unruhe, ich stand unter 24-Stunden-Spannung und ständiger Bereitschaft.	Apathie gab es oft in den Zeiten abends im Büro oder zu Hause. Zeiten, die ich zur Erledigung von überfälligen Büroarbeiten freigehalten hatte, verbrachte ich oft lange ohne Output vor dem Laptop. Ständige Unruhe in Erholungszeiten, ich konnte nicht abschalten oder entspannen.

3.3 Parallelen und Unterschiede im jeweiligen Burn-out-Verlauf

Stufe	Meine Frage:	Antwort Lisa:	Antwort Max:
Dein Zusammenbruch: Burn-out	WANN, wie lange, etwa nach dem Eintritt in die Erschöpfungsphase I, war dein „Tag X"?	Nach etwa 13 Jahren, es war der 23.10.2010.	Schwierig genau zu sagen: Vermutlich 9–12 Monate danach, es war an einem Mittwoch, ein „normaler Arbeitstag".
	Wie hast du den „Tag X" erlebt?	Es war an einem Wochenende: Schon morgens schmerzte mein ganzer Körper, ich war total erschöpft, zwang mich dennoch zum Einkaufen und putzen, wie jeden Samstag ... bewegte mich im Schneckentempo ... verschanzte ich mich im Arbeitszimmer. In eine Decke gehüllt in Embryohaltung kauerte ich über 2 Stunden an der Heizung. Viele Tränen und die letzte Kraft verließen meinen Körper. Ich war vollkommen bewegungsunfähig.	Ich war früh aufgestanden, nachdem ich bis nach Mitternacht E-Mails bearbeitet hatte. Nach dem Frühstück setzte ich mich aufs Bett, um Anzug und Krawatte anzuziehen. Meine Frau verabschiedete sich kurz, um ein Kind zur Schule zu begleiten. Als sie nach 20 Min. zurückkehrte, saß ich noch immer auf dem Bett. Sie fragte mich, ob ich heute nicht zur Arbeit müsse und ich erklärte, dass ich heute nicht zur Arbeit gehen könne, ich könne einfach nicht! Ich fühlte mich wie gelähmt!

Lisa und Max bestätigen mit ihren Antworten den Verlauf der „Spirale der Erschöpfung" (Abbildung 3). Unabhängig voneinander beschreiben sie den schleichenden Abwärtstrend. Eine Kehrtwende in den Stufen 2 und 3 war ihnen offenbar nicht mehr möglich. Am „Tag X" suchte Lisa mit letzter Kraft ihren Hausarzt (Allgemeinmediziner) auf, der sie krank schrieb und an einen Psychiater überwies. Erst vier Wochen später erhielt sie dort den ersten Termin. Die Behandlung der „mittelschweren Depression" begann zunächst mit Medikamenten und der Entspannungsmethode „Progressive Muskelentspannung". Trotz ihres schlechten körperlichen Zustands dauerte es noch zehn Monate, bis Lisa die stationäre Reha-Maßnahme in einer Klinik mit dem Schwerpunkt Psychologie und Psychotherapie aufnehmen konnte. Gesprächstermine bei sozialen Diensten und ambulanter Psychotherapie bekam sie in der Zeit davor nicht! Nach 7 *Wochen* verließ Lisa die Klinik. Sie nimmt bis heute regelmäßige Therapiegespräche wahr.

Max weigerte sich zunächst selbst am Tag seines Zusammenbruchs, einen Arzt aufzusuchen. Nach Gesprächen mit seiner Frau und einem Freund willigte er jedoch ein, den Hausarzt (Allgemeinmediziner mit naturheilkundlicher Ausprägung) aufzusuchen. Diagnose: „Akuter Erschöpfungszustand"! In einem ersten Krisengespräch mit einer Psychotherapeutin in der Nähe (ohne Krankenkassenzulassung, d. h. Kosten muss der Patient selbst tragen, keine Überweisung in eine Klinik möglich) lautete die Diagnose „mittelschwere Depression". Der

4. Auswirkungen für Wirtschaft, Unternehmen und Betroffene

Rat: Dringend eine mehrwöchige Auszeit (stationärer Aufenthalt) zu nehmen. Max hielt dies, selbst hier am Ende seiner Kräfte angekommen, für „beruflich völlig unrealistisch". Auch er bekam kurzfristig keine Termine für ambulante Psychotherapie, da Psychologen und Psychotherapeuten mit kassenärztlicher Zulassung oft wochenlang im Voraus terminlich belegt sind. So entschied er sich doch für eine stationäre Behandlung, „... weil die Tage zuvor Zuhause gezeigt hatten, dass die ganze Familie unter meiner apathischen Anwesenheit litt."[42] Nach 10 Wochen verließ er die Klinik. Seine berufliche Wiedereingliederung begann mit zwei bis drei Bürostunden täglich, die wöchentlich um jeweils eine Stunde aufgestockt wurden. Max hat seinen Job mit Führungsverantwortung inzwischen gekündigt und arbeitet heute freiberuflich. Er hat gelernt sich Auszeiten zu nehmen und besser auf sich zu achten.

Auf meine Frage, ob es zum Zeitpunkt seines Burn-out noch andere Sorgen oder Probleme im privaten Bereich gab, erinnert sich Max: „Sechs Wochen vor meinem Zusammenbruch bekam mein Vater die Diagnose „Krebs". Vier Wochen, nachdem ich die Klinik verlassen hatte, starb er."

4. Auswirkungen für Wirtschaft, Unternehmen und Betroffene

4.1 Volkswirtschaftliche Auswirkungen

Nach dem Bericht „Gesundheit in Deutschland" des Robert-Koch-Instituts (RKI)[43], hat sich die Gesundheit der Deutschen insgesamt verbessert; der Krankenstand ist seit 1990 kontinuierlich in den alten und neuen Bundesländern gesunken. Statistisch gesehen fehlte jeder Erwerbstätige 14 Tage im Jahr, häufig wegen Atemwegserkrankungen. Jedoch: Physische und neurodegenerative Erkrankungen spielen eine immer größere Rolle; sie sind seit 2003 der häufigste Grund für Frühberentung!

---

42 Interview mit Max, siehe Anhang
43 Homepage Robert-Koch-Institut „Gesundheit in Deutschland", am 14.02.2012

4.1 Volkswirtschaftliche Auswirkungen

Der Deutsche Gewerkschaftsbund (DGB) gibt an, dass sich die Arbeitsunfähigkeit aufgrund Burn-out in den letzten sieben Jahren verneunfacht hat. Sehr bedenklich und schwer kalkulierbar sind daher auch die künftigen volkswirtschaftlichen Kosten aufgrund von Frühberentung.

Weil immer mehr Menschen aufgrund von psychischen Erkrankungen vorzeitig in Rente gehen, sind die „Neurentner durchschnittlich 48 Jahre alt". Bereits in 2010 hatten 39,3 % mehr Menschen Anspruch auf Erwerbsminderungsrente (aufgrund psychischer Erkrankungen – ohne Suchterkrankungen), als in den Jahren zuvor. Der *DGB* verlangt einen „Stresstest für Unternehmen" und rechnet vor, dass rund 40 % der Betroffenen wegen psychischer Erkrankungen Ansprüche auf Erwerbsminderungsrente haben.

Nach dem *DGB* Index 2010…"glauben 60 % der Befragten nicht, dass sie ihre Arbeit bis zum Rentenalter ausführen können."[44]

Von den bundesweit für 2010 errechneten 53,5 Millionen Arbeitsunfähigkeitstagen gingen laut einer Studie des Bundesarbeitsministeriums 13,1 %, also über 7 Millionen Fehltage, auf das Konto: „Psychische Erkrankungen".

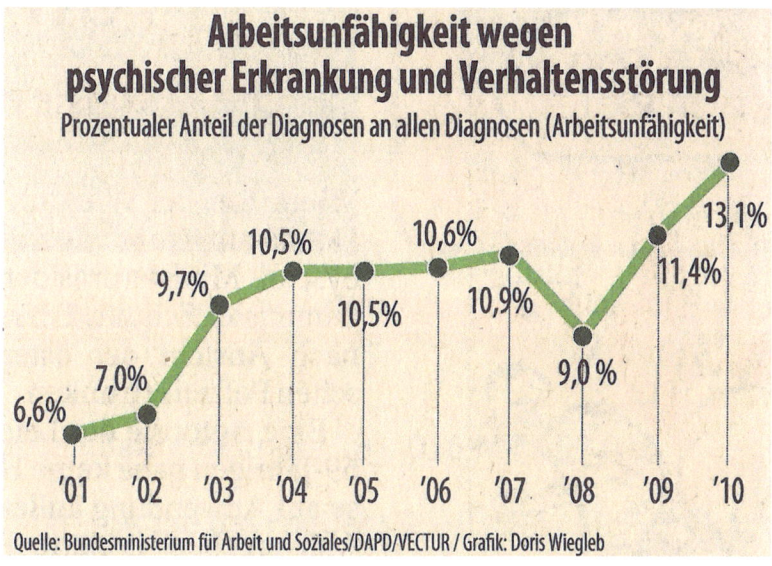

Abbildung 4 a: Diagramm Fehltage aufgrund psychischer Erkrankung

---

44 Homepage Deutscher Gewerkschaftsbund/Presse/ „Stresstests auch für Unternehmen", am 22.04.2012

4. Auswirkungen für Wirtschaft, Unternehmen und Betroffene

Nach dieser Statistik hat sich der Anteil im Vergleich zu 2001 fast verdoppelt! Nach Berechnungen der Allgemeinen Orts Krankenkasse (AOK) Thüringen „... haben Fehltage aufgrund psychischer Probleme mit 8% aller Fehltage erstmals den vierten Platz eingenommen, wenn die Länge der Krankschreibungen als Kriterium herangezogen wird".[45]

Die Bundesvereinigung Prävention und Gesundheitsförderung e. V.[46] berichtet aktuell von 11% Arbeitsunfähigkeitszeiten und 38% Frühberentung wegen psychischer Erkrankungen. Die Pro-Kopf-Gesundheitsausgaben betragen in Deutschland 11,1% des Bruttosozialprodukts. Damit werden wir im europäischen Vergleich nur noch von der Schweiz übertroffen. 50% der Gesamtkosten für pflegerische, therapeutische und präventive Maßnahmen sind allein zwischen 1993 und 2003 um ca. 4 Mrd. Euro gestiegen.

Winfried Panse, Soziologe und Angstforscher [Panse 2004], schätzt den gesamtmarktwirtschaftlichen Schaden, der durch Ängste und Depressionen bei deutschen Arbeitnehmern entsteht, sogar auf 100 Milliarden Euro.[47]

Der starke Zuwachs psychisch Erkrankter unter den Beschäftigten hat lt. Arbeitsministerium allein in 2010 einen Produktionsausfall von rund 39 Milliarden Euro und einen Ausfall an Bruttowertschöpfung von 68 Milliarden Euro zur Folge gehabt.[48]

Auch wenn die statistischen Schätzungen des prozentualen Anteils der erkrankten Arbeitnehmer und die heutigen und prognostizierten Milliarden Fehlbeträge differieren, so ist abzusehen, wie sehr Burn-out heute und in Zukunft unsere Volkswirtschaft belastet und belasten wird. Betrachtet man darüber hinaus die Folgen des demographischen Wandels und die daraus resultierenden Rentenansprüche der künftigen Bezugsberechtigten in den nächsten Jahren, könnte allein die Vorstellung der Milliarden-Euro-Lawine, die auf Volkswirtschaft und Sozialversicherte zurollt, schwere Depressionen auslösen!

---

45 Rathay Peter, „Arbeitnehmer fehlen 54 Millionen Tage", Thüringer Allgemeine, 1./2. Mai 2012, Titelblatt
46 Homepage Bundesvereinigung Prävention und Gesundheitsförderung e. V. „Kein Stress mit dem Stress", am 24.03.2012
47 Unger, Kleinschmidt, 2009, Bevor der Job krank macht, Eine Kostenexplosion, Seite 27
48 FAZ, 18.04.2012, Wirtschaft, „Mit vereinten Kräften gegen Burn-out",

4.2 Betriebswirtschaftliche Auswirkungen

Abbildung 4 b: Fehltage aufgrund psychischer Erkrankung

4.2 Betriebswirtschaftliche Auswirkungen

Grundsätzlich ist es für deutsche Unternehmen schwierig, den wirklichen Erkrankungsgrund ihrer Mitarbeiter herauszufinden. Weder Vorgesetzte noch Personalmitarbeiter oder Betriebsratsangehörige dürfen den Mitarbeiter nach dem Grund der Erkrankung fragen. Ärzte und Krankenkassen unterliegen bekanntlich der ärztlichen Schweigepflicht.

Die Arbeitsunfähigkeits-Bescheinigungen geben lediglich Auskunft über Name und Adresse des Mitarbeiters, die Dauer der voraussichtlichen Arbeitsunfähigkeit und die fachliche Ausrichtung des behandelnden Arztes (Stempel der Arztpraxis). So können Unternehmen Arbeitsausfall-Statistiken über die Dauer und Häufigkeit, nicht jedoch über die Art oder den Grund der Arbeitsunfähigkeit ihrer Mitarbeiter anfertigen.

Dennoch kann davon ausgegangen werden, dass die Gründe häufiger und immer längerer Ausfallzeiten von Mitarbeitern komplexe und vielschichtige Gründe haben und sicher nicht „nur" in einer Grippe begründet liegen.

Die Firma Unilever in Hamburg, errechnete nach einer Gesundheitsbefragung ihrer ca. 1.200 Mitarbeiter im Jahr 2008 pro Mitarbeiter 21 Fehltage wegen psychischer Störungen. 60% der Mitarbeiter klagten über Schlafstörungen, 40% mehr oder weniger unter depressiven Verstimmungen. Für

4. Auswirkungen für Wirtschaft, Unternehmen und Betroffene

Unilever schlugen diese Fehltage mit 250 Euro pro Tag und 7 Millionen Euro im Jahr zu Buche. 10 % der GESAMTEN Arbeitszeit waren damit Fehlzeiten von Mitarbeitern mit psychischen Erkrankungen und in depressiven Lebensphasen.[49]

Arbeitnehmer, die unter Depressionen leiden, sind mit fast 29 Tagen zweieinhalbmal so lang arbeitsunfähig, wie Arbeitnehmer mit anderen Krankheiten (11,5 Tage). In Deutschland schätzt man die Kosten der psychisch begründeten Arbeitsausfälle derzeit auf mindestens 24,5 Milliarden Euro.[50]

4.3 Persönliche Auswirkungen

„Jede 5. Frau und jeder 10. Mann beklagen, dass ihr Alltag stark beeinträchtigt ist. 15 % der Frauen und 8 % der Männer durchleben innerhalb eines Jahres eine depressive Phase. Gefürchtete Folge der Depression ist der Selbstmord."[51] Die persönlichen, körperlichen und geistigen Auswirkungen ständiger innerlicher Unruhe, von Versagensängsten, schlechtem Gewissen, sich-im-Kreis-drehen, Selbstvorwürfen, Grübelattacken, Konflikten im Berufs- und Privatleben, ständiger Unzufriedenheit und Ungeduld mit sich selbst und den Mitmenschen, sind tiefgreifende Auswirkungen an Körper, Geist und Seele. „... wer auf der Burn-out Spirale schon weit hinab gerutscht ist, hat längst den Blick dafür verloren, was Gesundheit einmal für ihn bedeutet hat ..., nämlich der Zustand vollkommenen körperlichen, geistigen und seelischen Wohlbefindens" [vgl. Definition der Weltgesundheitsorganisation (WHO)][52].

Die Betroffenen, vor allem „Lisa" und „Max"[53] , beschreiben ihre Gefühle sehr ausführlich und eindrucksvoll. Diesen kolossalen Verhaltens- und Wesensveränderungen (Aggressionen gegenüber Kollegen, Partnern und Kindern) stehen in der Regel auch die Angehörigen und Kollegen der Ausgebrannten hilflos gegenüber. „Der Partner ist von der Depression immer mit betroffen und sollte in die Behandlung mit einbezogen werden. Es ist gut,

---

49   DER SPIEGEL WISSEN (1/2012), „Patient Seele", Seite 112
50   Unger- Kleinschmidt, (2009), „Bevor der Job krank macht", Seite 27,
     (Quelle: Kuhn Karl, Direktor Bundesanstalt für Arbeitsmedizin und Arbeitsschutz, telefonische Auskunft 2005)
51   Homepage Robert-Koch-Institut, „Gesundheit in Deutschland/Zusammenfassung Juli 2006", Seite 3, am 24.03.2012
52   DER SPIEGEL WISSEN, (1/2012), „Patient Seele", Seite 115
53   Interview mit „Lisa" und „Max", siehe Anhang

wenn der Angehörige Mut und Hoffnung macht und zuhört. Beschuldigungen oder Aufforderungen, sich zusammenzureißen nützten dagegen nichts. Der depressiv Erkrankte würde ja nichts lieber tun. Dabei sollte die Autonomie des Erkrankten immer gewahrt bleiben... suizidale Gedanken sind immer ernst zu nehmen und sollten zum sofortigen Arztbesuch oder -telefonat führen" [vgl. Unger-Kleinschmidt, „Was kann der Partner tun?"].[54]

Abbildung 5: Je schneller die Zeiten, desto wichtiger die Auszeiten

---

54 Unger-Kleinschmidt, (2009), „Bevor der Job krank macht", Seiten 119-120

5. Der Rettungsschirm für unsere Seelen

Der „Rettungsschirm" (seit 2009 als Stichwort im Duden)[55] wird mit „... Fallschirm, mit dessen Hilfe sich eine in Notlage geratene Person unter günstigen Umständen retten kann" erklärt.

5.1 Rettungsschirm Rehabilitation

Wenn der physische und psychische Totalausfall eingetreten ist, nichts mehr geht und die eigenen Grundbedürfnisse (Schlaf, Ernährung, Körperhygiene) vernachlässigt werden, können nur noch Fachleute helfen. Psychologen, Psycho- und Ergotherapeuten sowie Sozialarbeiter unterstützen in ambulanter Therapie oder während stationärer Aufenthalte in speziellen Rehabilitationskliniken (Schwerpunkt „Psychische und Psychosomatische Erkrankungen") die Ausgebrannten dabei, wieder zu sich selbst und in ihr Leben zurück zu finden. Allein die „Deutsche Rentenversicherung Bund"[56] (ehemals BfA) verfügt in Deutschland über 22 Klinikstandorte, wovon in 8 Kliniken Erschöpfte und Ausgebrannte therapiert werden.

Der umfangreiche Therapieplan hat „Lisa" am Anfang ihres 7wöchigen stationären Aufenthalts „sehr überrascht": „Wöchentlich (Montag – Freitag) standen zwei Gesprächsrunden (Gruppen- und Einzeltherapien mit Therapeuten), zwei Bewegungsstunden (Joggen, Nordic Walking, Spaziergänge, Schwimmen, Wassergymnastik), eine Stunde Kunsttherapie (Malen, Handarbeiten, Handwerken) sowie zwei Entspannungsstunden (Autogenes Training, Progressive Muskelentspannung) verpflichtend auf dem Tagesprogramm. Ergometer, Tischtennis und Tischkicker standen zur freien Verfügung. Drei Mahlzeiten täglich, die gemeinsam im Speisesaal eingenommen wurden, gehörten ebenso zur Therapie, es galt Anwesenheitspflicht!"

Der täglich volle Terminplan hat „Lisa"[57] zu Beginn sehr gestresst, „... was ist hier anders als Zuhause oder im Büro? Vor allem die Einzelgesprächstherapie

---

55 Homepage Duden, am 25.04.2012
56 Homepage Deutsche Rentenversicherung Bund, Rehabilitationszentren-Indikationssuche: Internetrecherche am 28.04.2012
57 Meine Interviewpartnerin LISA

5.1 Rettungsschirm Rehabilitation

ist knallhart und verläuft unter dem Motto: Wir heilen dich nicht und geben keine Antworten auf deine Fragen – du heilst dich selbst und beantwortest deine Fragen (im Laufe der Therapie) selbst."[58] „Lisa" erkannte erst im Laufe ihres Klinikaufenthalts die Therapieziele und wusste nun „... warum sie auf mir herumgehackt und in meinen Wunden gebohrt haben."[59] Selbstwertgefühl und Achtsamkeit für das eigene Ich müssen wieder belebt und erlernt werden.

Thorsten Fehberg erzählt, dass er während seiner ambulanten Therapie in einer Tagesklinik den Fokus immer mehr auf das Private gerichtet hat. Jeden Abend hat er seinen Therapietag mit seiner Frau in den eigenen vier Wänden besprochen und ist sich sicher, dass die Tagesklinik für ihn die richtige Wahl war. „Wäre ich wochenlang weg gewesen, wäre es für meine Frau viel schwieriger geworden, meine Veränderung zu begleiten."[60]

In der „Präsenz-Schule" der ehemaligen Sozialarbeiterin Katrin Clemen bekommen die Erschöpften wieder Kraft und Lebensfreude durch „Green Care". Die Sinne Riechen – Sehen – Hören werden hauptsächlich in der freien Natur und mit „tierischen Co-Trainern" (ein Araber- und ein Fjordpferd) reanimiert.

Der Therapieraum ist eine offene Scheune. Ohne Leistungsdruck, Bewertungen und ohne Ladegerät für den Blackberry „... sollen Manager hier lernen nicht dauernd zu managen, sondern einfach mal da zu sein, im Dreck" erläutert Katrin Clemen ihren Therapieansatz. Für sie sind Stress, Angst und Erschöpfung eindeutige Abwehrmechanismen des menschlichen Körpers „... *wir bräuchten Millionen von Burn-out-Fällen, damit wir uns endlich einmal kritisch mit der Leistungsideologie auseinandersetzen.*"[61]

Markus Bauer (49 Jahre, leitender Angestellter)[62] hat erst während seiner stationären Therapie verstanden, wie er in den Burn-out geriet und erkannte „... von der Arbeit allein gehst du nicht kaputt, die Arbeit ist eher wie eine Sucht, in die du gerätst, weil du nach Anerkennung suchst und weil du Anderes verdrängen willst." Für den Ausweg aus dem Burn-out gibt es keine einfachen Rezepte und schnellen Tricks, immerhin hat der Weg in den Burn-out oft jahrelang gedauert.

58, 59   Interview mit „Lisa", siehe Anhang
60   DER SPIEGEL WISSEN, (1/2012), „Revolution im Kopf", Seite 85
61   DER SPIEGEL WISSEN, (1/2012), „Riechen, Sehen, Lauschen", Seite 99
62   DER SPIEGEL WISSEN, (1/2012), „Revolution im Kopf", Seite 81

5. Der Rettungsschirm für unsere Seelen

„Die Patienten lernen, das Gleiche anders zu machen ... ein Burn-out ist auch ein Reifeprozess" weiß Manfred Nelting[63] von der Gezeiten-Haus-Klinik in Bonn. Und Thorsten Fehberg resümiert aus Patientensicht: "Die Therapie war eine sehr, sehr gute Erfahrung, die mich wirklich weitergebracht hat. Die Erkenntnis und Achtsamkeit ... hätte ich nicht gewonnen, wenn es mich nicht so schmerzhaft umgehauen hätte."

5.2 Rettungsschirm Politik

Das Präventions-Gesetz zur „Stärkung der Prävention" in Deutschland sollte – gemäß Koalitionsvertrag von 2005 – „... einen Paradigmenwechsel einläuten". Seither werden allein 100 Millionen Euro pro Jahr für individuelle Maßnahmen der primären Prävention (z. B. Bewegungs- und Ernährungskurse, Rückenschule) zur Verfügung gestellt. Der Nutzen dieser Kurse muss wissenschaftlich fundiert und die Kursanbieter von den gesetzlichen Krankenkassen anerkannt sein. Prävention und Gesundheitsförderung würden aus staatlicher Sicht weiter ausgebaut und zu einer „... eigenständigen Säule des Gesundheitswesens in Deutschland werden. Gemeinsam mit dem Präventionsgesetz sollen Krankheiten und Folgen daraus verhütet und die Lebenserwartung und - qualität gesteigert werden."[64]

Das Bundesministerium für Arbeit und Soziales (BMAS) unter der Leitung von Bundesarbeitsministerin Ursula von der Leyen „... will Arbeitnehmer besser vor psychischen Belastungen am Arbeitsplatz bewahren und das Thema Arbeitsschutz und Gesundheitsförderung ganz oben auf die to-do-Liste im Bundeskabinett setzen."[65] Frau von der Leyen will offenbar die große Herausforderung Burn-out in Deutschland anpacken und die gravierenden volkswirtschaftlichen und betriebswirtschaftlichen Folgen für Deutschland mindern.[66]

So arbeitet das BMAS aktuell an Strategien und Konzepten, knüpft Netzwerke für das Projekt Gesundheitsförderung in der Arbeitswelt. „... Die Vision der betrieblichen Gesundheitspolitik ist gesunde Arbeit in gesunden Organisationen ..."[67].

---

63 DER SPIEGEL WISSEN, (1/2012), „Revolution im Kopf", Seite 85
64 Homepage Wikipedia „§ 20 Inhalt des Präventionsgesetzes", am 24.03.2012
65 Frankfurter Allgemeine Zeitung (18.04.2012), „Mit vereinten Kräften gegen Burn-out"
66, 67 Home Bundesministerium für Arbeit und Soziales (BMAS), „Betriebliche Gesundheitsförderung", am 02.05.2012

5.2 Rettungsschirm Politik

Mittlerweile gibt es eine Reihe von Organisationen, die unter der Leitung des BMAS deutsche Unternehmen für dieses Thema sensibilisieren und sie unterstützen wollen. Die Arbeitsgruppe „Betriebliche Gesundheitsförderung" ist Beirat für das gleichnamige Deutsche Netzwerk (DNBGF) und wird durch die „Initiative Neue Qualität der Arbeit" (INQA) sowie von der „Bundesanstalt für Arbeitsschutz und Arbeitsmedizin" (BAuA) unterstützt. Hoffnungsvoll klingt das Projekt Gesundheitsförderung in der Arbeitswelt auf der Homepage des BMAS. Hier bieten folgende Organisationen bereits ein gutes Netzwerk an:

- Bundesministerium für Gesundheit (BMG),
- Bundesvereinigung Prävention und Gesundheitsförderung (BVPG),
- Initiative Gesundheit und Arbeit (IGA),
- Spitzenverbände der Krankenkassen,
- Unfallversicherungsträger,
- Arbeitsschutzbehörden,
- Deutsche Rentenversicherung Bund,
- Verbände der Betriebs- und Werksärzte und Sicherheitsingenieure.

Überraschend viele Bundesvereinigungen und Initiativen thematisieren aktuell und offensiv psychische Belastungen am Arbeitsplatz auf ihren Internetseiten. Das lässt den Schluss zu, dass auch die Politik nunmehr großen Handlungsbedarf sieht und einen entsprechenden Rettungsschirm anbietet. Die Deutsche Gesetzliche Unfallversicherung (DGUV)[68] gibt kurze, hilfreiche Tipps für Mitarbeiter in Belastungs- oder Mobbingsituationen. Ein Online Hörbuch Stress, psychische Belastung, Burn-out kann ebenso kostenlos heruntergeladen werden (DNBGF)[69], wie die Broschüre „Erfolgsbilanz und Pflichtenheft der betrieblichen Gesundheitsförderung", dessen Konzept bereits vor fast zehn Jahren ins Leben gerufen wurde. Und nicht zuletzt appelliert der Deutsche Gewerkschaftsbund[70] an Arbeitgeber, Maßnahmen und Verbesserung der Arbeitsbedingungen voran zu treiben.

---

68 Homepage Deutsche Gesetzliche Unfallversicherung (DGUV), „psychische Belastungen", am 22.04.2012
69 Homepage Deutsches Netzwerk für betriebliche Gesundheitsförderung (DNBGF), Startseite, am 23.04.2012
70 Hompage Deutscher Gewerkschaftsbund (DGB), „Gute Arbeit zu Stress am Arbeitsplatz", am 22.04.2012

5. Der Rettungsschirm für unsere Seelen

In der DGB-Studie „Gute Arbeit" beklagen sich 63 % der 6.083 Befragten, dass „... sie seit Jahren immer mehr in der gleichen Zeit leisten müssen." Edeltraud Glänzer, Mitglied des Hauptvorstands der IG-BCE (IG-Bergbau Chemie Energie) fordert „... einen Paradigmenwechsel hin zu einer Arbeitswelt, die nicht auf den Verbrauch, sondern auf den Erhalt der Arbeitskraft ausgerichtet ist".[71]

Appelle, Maßnahmen, Strategien: Alle mit dem Bemühen, einen Rettungsschirm über die steigende Burn-out-Gefahr und dem derzeitigen und künftig drohenden milliardenschweren Verlust für unsere Volks- und Betriebswirtschaft aufzuspannen. Diese positiven politischen Ansätze und hilfreichen Netzwerke sollten mehr in den Fokus der öffentlichen Diskussion um Burnout gestellt werden!

Viele Unternehmen, vor allem der Mittelstand, könnten die Erfahrungen und das Wissen der Politik nutzen, um ihre Betriebe und Mitarbeiter gegen Burn-out zu wappnen.

Die Organisationen in den bereits vorhandenen Netzwerken bieten einen Rettungsschirm an und können beim innerbetrieblichen Aufbau eines Gesundheitsmanagements unterstützend mitwirken.

5.3 Rettungsschirm Unternehmen

„Gerade in kleinen und mittleren Unternehmen ist das Vorurteil, Arbeitsschutz koste viel und bringe wenig, immer noch weit verbreitet. Seine Bedeutung für die Wettbewerbsfähigkeit wird unterschätzt."[72] Zweifellos ist es für große und namhafte Unternehmen in boomenden Branchen einfacher, nicht unerhebliche Summen in den Arbeits-, Präventions- und Gesundheitsschutz ihrer Mitarbeiter zu investieren, als beispielsweise für den mittelständischen Handwerksbetrieb und einem Chef, der oft selbst 12 – 14 Stunden täglich im Dienst des Kunden steht.

Während der Recherchen rund um Burn-out in Deutschland fällt positiv auf, wie viele Unternehmen sich bereits aktiv, zum Teil seit vielen Jahren, für ihre Mitarbeiter engagieren. Diese Pionier-Unternehmer sollten ihr Engagement und ihre Erfahrungen öffentlicher machen. Führungskräfte anderer Unternehmen könnten dadurch ermutigt und für das Thema sensibilisiert werden.

---

71 Homepage DGB, „Gute Arbeit zu Stress am Arbeitsplatz", am 22.04.2012
72 FAZ vom 18.04.2011, „Mit vereinten Kräften gegen Burn-out"

5.3 Rettungsschirm Unternehmen

An dieser Stelle seien daher einige gute Unternehmensbeispiele genannt. Betriebe, die seit vielen Jahren in ihre Mitarbeiter investieren, in dem sie Aktionen und Kursangebote rund um das Thema *Arbeits- und Gesundheitsschutz* anbieten oder bereits „Gesundheitsmanagement-Abteilungen" eingerichtet haben.

Firma **WINGAS**: Über 300 Mitarbeiter (Aufsuchung, Förderung und Vertrieb von Erdgas) in Kassel. WINGAS ist eine Tochtergesellschaft der Firma **Wintershall Holding** mit über 2.200 Mitarbeitern (weltweite Aufsuchung und Förderung von Erdöl). Schon zu Beginn meiner Tätigkeit bei WINGAS 2001, beeindruckten mich die zahlreichen Angebote für Mitarbeiter.

Die Abteilung „Work & Life Service" der Wintershall organisiert nicht nur ein umfangreiches Sportprogramm für Mitarbeiter und deren Angehörige. Das aktuelle Sportkursprogramm [vgl. Abbildung 6: Wintershall/WINGAS-Kursprogramm Frühjahr/Sommer 2012] umfasst 28 verschiedene Kursangebote, die täglich montags bis freitags in zwei hellen, großen und mit vielen Materialien ausgestatteten Trainingsräumen von mehreren qualifizierten Trainern angeleitet werden. Neben dem halbjährlich wechselnden Kurspro-

Abbildung 6: Wintershall/WINGAS Kursprogramm Frühjahr/Sommer 2012

5. Der Rettungsschirm für unsere Seelen

gramm werden an zwei Gesundheitstagen im Jahr, Vorträge und Workshops zu gesunder Ernährung und Bewegung sowie „Umgang mit Stress" angeboten. Ein „Bürorobics-Trainer" besucht einmal wöchentlich jede der 13 Büroetagen und leitet ein 15-minütiges Auflockerungstraining an. Etwa 700 Mitarbeiter nutzen täglich das vielfältige Angebot unserer „Hausgastronomie". Inzwischen sorgt etwa ein Drittel der Mitarbeiter in Kassel in ausdauerfördernden, anregenden (Step, Spinning, Zumba, Lauftraining, Aqua Power, etc.) oder fernöstlich orientierten (Yoga, Tai Qi) Kursstunden für ihre körperliche Balance. Angehörige von Mitarbeitern sind ebenso willkommen wie die große Anzahl der Ehemaligen, also Rentner und Pensionäre der Wintershall/WINGAS, die sich mehrmals pro Woche im Firmensportraum tummeln. Wer sich lieber alleine fit hält, nutzt die modernen Ausdauergeräte, die den Mitarbeitern rund um die Uhr, auch an Wochenenden, zur Verfügung stehen. Mit dem vor 10 Jahren eröffneten Kinderhaus für 70 Mitarbeiter-Kinder (zwischen 6 Monaten und 12 Jahren) war ein weiterer Grundstein für das Work & Life Balancing gelegt. Das zweite Wintershall-Kinder-Domizil (WiKi) wurde im Herbst 2012 eröffnet. Wintershall platzierte sich bundesweit in der Kategorie „Großunternehmen" unter den besten zehn und erhielt schon in 2005 die Auszeichnung der Bundesregierung für „familienbewusste Personalpolitik" und den Personalwirtschaftspreis der Zeitschrift Personalwirtschaft. Dr. Rainer Seele, Vorstandsvorsitzender von Wintershall, erklärt: „Erdöl und Erdgas sind unser Geschäft. Doch die wichtigste Ressource sind unsere Mitarbeiter."[73]

Dass man nur mit gesunden, motivierten und zufriedenen Mitarbeitern gute Betriebsergebnisse erzielen und im Wettbewerb bestehen kann, hat sich inzwischen in etlichen deutschen Firmen herumgesprochen:
- **SMA**, Niestetal bei Kassel (Herstellung von Solarwechselrichtern): Weltweit über 6.000 Mitarbeiter: Zwei Mitarbeiter hauptberuflich für das „Gesundheitsmanagement" tätig, Sportkursprogramm, Aktivpause für Mitarbeiter in der Produktionshalle und im Schichtbetrieb.[74]
- **BayernLB** (Bank): Die Burn-out-Prophylaxe-Seminare waren schnell ausgebucht.
- **Vattenfall** (Energieversorger): Mitarbeiter können mit Arbeitspsychologen sprechen, Kursangebot: „Meditations- und Achtsamkeitsübungen".[75]

---

73 Homepage der Wintershall Holding, am 19.04.2012
74 SMA, Abteilung Gesundheitsmanagement, telefonische Auskunft am 23.04.2012
75 stern (29.09.2011), „Total erschöpft", Seite 114-116

- **VW** (Automobilbranche): „Schluss mit totaler Erreichbarkeit – VW setzt Email Stopp nach Feierabend durch." [Hessische Niedersächsische Allgemeine, 24.11.2011].
- **Stadtsparkasse München** (2.800 Mitarbeiter): „Anonymes Büro" im Gesundheitsbereich mit Physiotherapeuten oder diskrete Beratung bei psychischen Problemen.
- **Niederegger**, Lübeck (Marzipanhersteller): Dehnübungen in Produktionshalle.
- **SAP**, Walldorf (Software Hersteller): Seit 15 Jahren mit Abteilung „Gesundheitsmanagement"; mehrfach preisgekrönt für das Engagement „psychomentale Gesundheit".
- **Henkel** (Waschmittelhersteller): „E-Mail Verbot zwischen Weihnachten und Neujahr."[76]
- **Katjes** (Süßigkeiten Hersteller): Bessere Entlüftung in der Produktionshalle, neuer Schichtplan mit zwei freien Wochenenden pro Monat.
- **Memo AG** (Bürobedarf): Keine Umsatzvorgaben, unternehmerische Transparenz für Mitarbeiter und Führungskräfteschulungen, trotz Flaute Umsatz gehalten.
- **Lands' End** (Modeversand): Für jeden der 350 Mitarbeiter individuelle Entwicklungspläne, regelmäßige Mitarbeiterinformationen, 93 % kommen gerne zur Arbeit, 98 % sind der Meinung, dass ihr Management kompetent führt.[77]

5.4 Rettungsschirm für die eigene Seele

Nach Untersuchungen des RKI sind Männer deutlich weniger an Prävention und Gesundheitsförderung interessiert als Frauen. Erholsamer Schlaf, ausreichende Bewegung und regelmäßige Erholungspausen sind ein Muss für Körper, Geist und Seele, damit wir leistungsfähig und gesund bleiben. Was hält uns davon ab, nach einem anstrengenden Tag, das Handy auszuschalten, ein Vollbad zu nehmen, entspannt der Lieblings-CD zu lauschen oder mal wieder ein gutes Buch zu lesen, dessen Thema uns schon lange interessiert, statt auch den Feierabend am Laptop zu verbringen. Warum nach acht Arbeitsstunden nicht hin und wieder die Arbeitskleidung gegen das Saunahandtuch oder die Laufschuhe austauschen? Wann und wie oft belohnen wir uns selbst, wenn ein Projekt gelungen oder eine lang aufgeschobene Arbeit erledigt ist?

---

76 DER SPIEGEL WISSEN (1/2012), „Wie wollen wir morgen sein?", Seiten 112-116
77 Vgl. Unger-Kleinschmidt, (2009), „Bevor der Job krank macht", Seiten 165-168

5. Der Rettungsschirm für unsere Seelen

Wie oft geben wir vor, keine Zeit für Sport, Familie, Freunde oder uns selbst zu haben? Wie wäre es, zwischen den Pflichtterminen regelmäßig freie Zeiten für uns einzuplanen? Was könnte im schlimmsten Fall passieren, wenn wir die sog. „privaten Verpflichtungen" hin und wieder vernachlässigen und uns einen Faulenzertag gönnen? Geben wir dem Wort „Freizeit" also wieder seine Bedeutung zurück und „leben" sie. Wer, außer uns selbst, ist für seine private Freizeitplanung verantwortlich?

Dabei kann „Freizeitplanung" durchaus heißen, einmal nichts zu planen. In der freien Zeit, also die Seele baumeln zu lassen, wo und wie immer es uns gefällt. Um gesund zu bleiben, müssen wir hin und wieder inne halten, uns der ständigen Reizüberflutung entziehen. „Nichts tun regt an und kleine Ego-Stunden sind so wertvoll, wie Sport" rät auch Frau Dr. Susanne Holst (TV-Moderatorin und Ärztin)[78]. Ruhe finden, zu uns selbst kommen, ganz allein mit sich selbst zu sein, haben inzwischen viele von uns verlernt.

Dr. Ernst Pöppel, Professor für medizinische Psychologie an der Uni München ermuntert dazu, sich „... solche stille Zeiten zu gönnen. Viele reagieren nur noch auf das klingelnde Handy, auf Gespräche, auf alles, was um sie herum passiert. Stille aber ist essentiell."[79]

Die Annahme, unser Gehirn sei immer online, ist ein Trugschluss. Es braucht Pausen und die nimmt es sich, wie der Arbeitswissenschaftler Dr. Martin Braun vom Fraunhofer Institut für Arbeitswissenschaft und Organisation (IAO) in Stuttgart weiß: "Unsere Leistungsfähigkeit schwankt in einem etwa 90-minütigem Rhythmus. Nach spätestens 70 bis 80 Minuten konzentrierter Arbeit, schaltet der Körper für etwa 20 Minuten auf Erholung um."[80] Kleine Pausen zwischendurch sollten zum festen Bestandteil des Tagesablaufs werden, wie ein richtiger Termin: Mit uns selbst!

Ohne Pausen und ausreichend Schlaf „funktioniert" unser Körper nicht. Mangelnder Schlaf macht uns reizbar, unsere Gedächtnisleistung lässt nach, wir können uns schlecht konzentrieren, das Immunsystem arbeitet weniger gut.

Dennoch haben Schlafforscher festgestellt, „... dass Menschen in westlichen Ländern durchschnittlich ca. 1 Stunde pro Nacht weniger schlafen als noch vor 20 Jahren ... das führt zu einem paradoxen Phänomen: Je mehr die Menschen arbeiten, desto weniger schlafen sie."[81]

---

78 TK Aktuell (2/2012), Seite 22
79 TK Aktuell (2/2011), Seite 13
80, 81 TK Aktuell (2/2011), Seite 12

5.4 Rettungsschirm für die eigene Seele

Die Methoden und Strategien der Entspannung sind individuell und vielfältig. Dabei gibt es nicht DIE Entspannungsmethode oder DEN richtigen Entspannungstipp. Inzwischen werden neben einer großen Anzahl von Bewegungskursen auch Entspannungskurse (denn auch ENT–SPANNUNG muss von Manchem erlernt werden) angeboten. Welche Entspannungsart jeweils die Richtige ist, kann z. B. in einem Schnupperkurs des nahegelegenen Fitnessstudios, der Volkshochschule (VHS) oder im örtlichen Sportverein herausgefunden werden. Das Angebot ist vielfältig und finanziell durchaus erschwinglich.

Nahezu alle gesetzlichen Krankenkassen erstatten einmal jährlich bis zu 80 % der Kosten für einen Präventionskurs. Regelmäßig besuchte Kurse der Volkshochschule werden ebenso bezuschusst.

Die VHS Region Kassel[82] bietet an verschiedenen Standorten in Stadt und Landkreis etliche Bewegungs- und Entspannungskurse wie Konditions- und Fitnessgymnastik, Tanz dich fit, Zumba, Wassergymnastik, Meditation, Tai Qi oder Qi Gong u. v. a. m. an. Nach 15 Stunden unter fachlicher Anleitung kann die eine oder andere Übung durchaus Zuhause oder am Arbeitsplatz durchgeführt werden, wenn eine Kurzentspannung nötig ist. Persönlicher Zeitaufwand: Eine Stunde wöchentlich. Privatinvestition: Zwischen 50 und 60 Euro für 15 Wochen-Termine. Eine gute Wertanlage in unser „Kapital" Gesundheit!

In meiner 12jährigen freiberuflichen Trainertätigkeit im Präventions- und Gesundheitssport begegne ich vereinzelt noch immer Männern und Frauen, die die Verantwortung für ihre Gesundheit gern an den Staat, die Politik und den Arbeitgeber abgeben, anstatt sie selbst zu übernehmen. Sie selbst bräuchten dazu nichts beizutragen und wenn der Krankenkassenzuschuss zum Präventionskurs einmal ausfällt, „… brechen sie den Kurs eben ab oder melden sich für den Folgenden nicht mehr an." [wörtlich in persönlichen Gesprächen geäußert]. Das klingt für mich nicht nach Eigenverantwortung für Körper, Geist und Seele. „Alt wollen sie werden, gesund wollen sie bleiben, aber etwas tun dafür wollen sie nicht."[83]

Eigene, private und berufliche Ziele formulieren und planen, Prioritäten setzen, sind Werkzeuge für ein effektives Zeit- und Selbstmanagement und hilfreiche Rettungsseile, wenn der Stress zu groß wird[84]. Für Übersicht und Struktur sorgt z. B. eine Checkliste für jeden Arbeitstag oder für ein bestimm-

---
82 VHS Region Kassel, „Kursprogramm Frühjahr 2012", Rubrik „Gesundheit"
83 Sebastian Kneipp, deutscher Pfarrer und Hydrotherapeut, 1821-1897
84 vgl. Seiwert, „Das neue 1x1 des Zeitmanagement" (2010) Seiten 22 - 25

5. Der Rettungsschirm für unsere Seelen

tes Projekt mit A, B und C-Prioritäten. A = wichtig und dringend, B = wichtig, C = weder wichtig noch dringend. Mit der ALPEN Methode, in der vorab die anstehenden Arbeiten in Art und Dauer aufgeschrieben werden, kann der Aufgabenberg strukturiert werden:

A = Aufgaben aufschreiben, L = Länge der Aufgaben schätzen, P = Pufferzeiten reservieren, E = Entscheidungen treffen, N = Nachkontrolle, unerledigtes übertragen. [vgl. Seiwert, „Das neue 1x1 des Zeitmanagement", (2010), Seiten 36 - 37]. Und ganz wichtig: Sich selbst täglich Gutes zu tun!

Wir könnten jeden Tag mit einem angenehmen Gefühl abschließen, wenn wir versuchen, die eigene Einstellung ein wenig zu ändern und diese drei guten Vorsätze einzuhalten:

- Jeden Tag etwas tun, das sehr viel Freude bereitet.
- Jeden Tag etwas tun, das uns spürbar unseren persönlichen Zielen näher bringt.
- Jeden Tag etwas tun, das uns einen Ausgleich zur Arbeit schafft (Sport, Familie, Hobby, etc.).[85]

Arne Reese (46, Chef eines Ingenieurbüros) hat seine Einstellung acht Jahre nach seinem Burn-out geändert und fährt gut damit: „Ich nehme mir jetzt meine Zeit". Dreimal Sport pro Woche ist inzwischen fester Bestandteil seines Terminkalenders. Nachdem er seine Sicht auf manche Dinge geändert hat, regt er sich heute nicht mehr über jeden kleinen Fehler seiner Mitarbeiter auf. Wenn er morgens im Büro erscheint und die Stimmung ist schlecht, lädt er alle Mitarbeiter zu Croissant und Orangensaft ein. „Das ist dann wie ein kleiner Urlaub...und es kostet vielleicht 1,5 Stunden Arbeitszeit, bringt aber viel ein."[86] Jede Stresssituation erfordert eine eigene geeignete Methode, um mit ihr fertig zu werden. Diese Methoden kann man erlernen, sich dafür kurz-, mittel- und langfristige Ziele setzen. Wichtig ist, sich für verschiedene Stresssituationen zu wappnen. Weitere Ansatzpunkte zur mittelfristigen Stressbewältigung können sein:
- Bei Stressoren – die Umwelt verändern (ausschalten, reduzieren, vermeiden).
- Beim Menschen – sich selbst verändern (Belastbarkeit, positives Verhalten, Bewertung der Stresssituation).[87]

---

85 Seiwert, „Das neue 1x1 des Zeitmanagement", (2010), Seite 48
86 DER SPIEGEL WISSEN , (1/2012), „Ich nehme mir meine Zeit", Seite 94
87 Wagner-Link Angelika (TK Broschüre 2011), „Der Stress", Seite 20

5.4 Rettungsschirm für die eigene Seele

Sich selbst und eigene Verhaltensweisen, die wiederholt zu Stresssituationen und in die Erschöpfung führen, zu ändern, ist schwierig; für die Rettung der Seele aber unerlässlich:

- Optimismus und Selbstvertrauen (das schaffe ich schon, ich gehe Schritt für Schritt vor, Fehler sind menschlich, jeder Mensch macht Fehler),
- Humor (über sich selbst lachen können, das Glas ist halbvoll – nicht halbleer, im Leben und in Stresssituationen auch Positives sehen),
- Lebenssinn (lustvoll arbeiten und leben, die Arbeit bringt auch Anerkennung, Respekt, gutes soziales privates Netzwerk),
- Soziale Kompetenz und emotionale Intelligenz (sich gut in die Lage anderer versetzen und einfühlen können, um Hilfe bitten können, sich gut abgrenzen können, NEIN-Sagen lernen),
- Guter Führungsstil (motivieren, delegieren, beurteilen)[88]

bieten einen guten psychischen Schutzwall für die Seele. Wer sich diese Fähigkeiten und Fertigkeiten aneignen kann, wird nicht so schnell in die Burn-out-Falle tappen und kann den ganz persönlichen Rettungsschirm aufspannen.

Fazit: Ich vermisse in der großen Diskussion rund um die Ursachen und Folgen von Burn-out die mangelnde Eigenverantwortung vieler Menschen für sich selbst!

Dieses Buch endet mit einem letzten Zitat: „... Auf den ersten Blick ist Burn-out ein Problem der Arbeitswelt ... auf den zweiten Blick ist Burn-out ein Problem des Einzelnen, der zu hohe Erwartungen an sich selbst stellt, immer perfekt sein will"[89] und meinem Fazit:

Wir sollten die Verantwortung für unsere Seelen nicht aus, sondern die Seile unseres Rettungsschirms selbst in die Hand nehmen! Innehalten, bevor „der antriebslose Flug" beginnt und zwischen den stürmischen Flugphasen des Lebens hin und wieder den entspannten Gleitflug genießen.

---

[88] Wagner-Link Angelika (TK Broschüre 2011), „Der Stress", Seiten 38 - 41
[89] DER SPIEGEL WISSEN, (1/2012), „Revolution im Kopf", Seite 81

5. Der Rettungsschirm für unsere Seelen

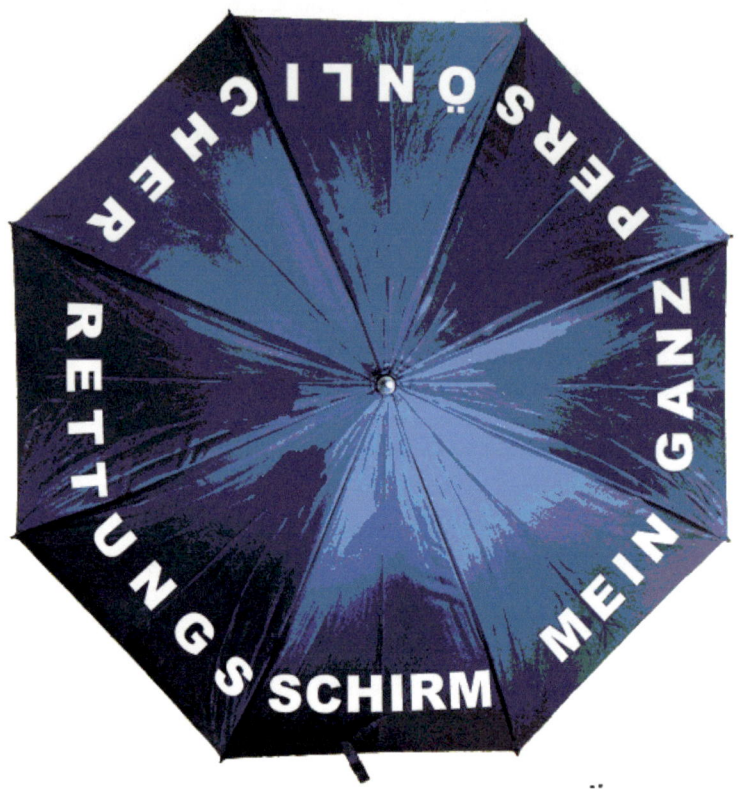

Abbildung 7: Mein ganz persönlicher Rettungsschirm

6. Anhang

6.1 Interview mit „Lisa"[90]

Persönliche Angaben:
Alter, Geschlecht: 35 Jahre, weiblich
Familienstand/Kinder: ledig, keine Kinder
Beruf: Angestellte in einem Unternehmen mit mehr als 2000 Mitarbeitern

Tägl. ca. Arbeitszeit (damals) in der Firma, incl. Zeiten für Dienstreisen und ÜN?
Etwa 9,5 Stunden.

Wie viel Stunden etwa täglich (damals) wurde außerhalb der Firma noch mit beruflichen Arbeiten belegt (telefonieren, am PC, etc.)
0 Stunden.

Wie viel Stunden etwa pro Woche (damals) wurde mit Familie/Freunden privat verbracht?
Keine Erinnerung mehr, vielleicht 1,5 Stunden/Woche.

**Fragen zu den Stufen 1 bis 3 siehe Abbildung 3:
„Die Spirale der Erschöpfung":**

Stufe 1:

Wann (wie lange vor dem Zusammenbuch) traten „körperliche Schmerzen" und/oder Schlafstörungen auf?
Erste körperliche Beschwerden: 13 Jahre vor Zusammenbruch.
Erste Schlafstörungen: 1 Jahr vor Zusammenbruch.

Gab es die Selbsterkenntnis „ich schaffe das nicht mehr" (Energieverlust gespürt)?
Ja. Bewusst gespürt habe ich es ca. 10 Monate vor dem Zusammenbruch. Sicherlich gab es auch schon Momente davor, die vermutlich Jahre zurück liegen (Verdrängung).

Hast du dich überfordert (nur beruflich oder auch privat) gefühlt?
Sowohl als auch. Zunächst kam die berufliche Überforderung, dann erst die private Überforderung.

---

90 Anmerkung der Autorin:
Die Betroffene (weiblich) ist mir persönlich bekannt. Aus Personen- und Datenschutzgründen, nenne ich sie Lisa". Alle schriftlichen Antworten (gerade Schrift) sind Originalzitate und entsprechen den tatsächlichen Angaben, im April und Mai 2012.

6. Anhang

Wenn ja, hast du versucht, selbst Änderungen für die „Überforderung" herbei zu führen?
Ja, ich habe zunächst an der Arbeit mehrfach das Gespräch zu meinem Vorgesetzten gesucht. Leider erfolglos. Stattdessen kamen immer wieder neue Aufgaben und Verantwortung hinzu. Auch privat habe ich versucht, weniger selbst zu erledigen und mich abzulenken.

Warst du öfter gereizt, gekränkt, aggressiv (beruflich und privat)?
Ja, auch dies habe ich bewusst 10 Monate vor Zusammenbruch gespürt. Zunächst beruflich, nach wenigen Monaten dann auch privat. Auch hier gab es sicherlich schon Momente davor, die vermutlich Jahre zurück liegen (Verdrängung).

Stufe 2:

Hast du Konzentrations- und Gedächtnisprobleme festgestellt oder wurdest du darauf hingewiesen. Wenn ja, von wem?
Konzentrations- und Gedächtnisprobleme sind mir selbst, insbesondere an der Arbeit, aufgefallen. Angesprochen hierauf wurde ich bis zum Zusammenbruch von niemandem.

Hast du in diesem Stadium mehr/länger gearbeitet?
Die Mehrarbeitszeit hat sich täglich langsam von ½ Stunde auf ca. 2 Stunden erhöht. Bedingt durch Mehrarbeit, weitere Aufgabengebiete und schließlich auch Konzentrationsstörungen.

Hast du Zeiten/Termine mit Familie und Freunde vernachlässigt?
Ja, leider. Ich war zum Workaholic geworden. Verabredungen habe ich sehr oft verschoben oder abgesagt.

Wenn ja, hast du es selbst bemerkt oder wurdest du darauf hingewiesen?
Ich habe es selbst gemerkt und mich schlecht gefühlt. Aber irgendwie hatten alle immer Verständnis.

Hast du Zeiten mit Familie und Freunden noch „genossen" oder war es dir lästige Pflicht?
Nun gilt es ehrlich zu sein: es war zu einer lästigen Pflicht geworden. Entweder war ich gedanklich an der Arbeit oder einfach nur erschöpft.

6.1 Interview mit „Lisa"

Stufe 3:

Hattest du Schuldgefühle oder Grübelattacken?
Schuldgefühle dahingehend, dass ich das Gefühl hatte, mein Umfeld vor den Kopf zu stoßen, wenn ich mal wieder eine Verabredung/einen Termin habe platzen lassen. Grübelattacken waren dann in den Nächten, in denen ich max. noch 1 ½ Stunden Schlaf gefunden habe.

Wenn ja, hast du das mit dir allein ausgemacht oder hast du mit jemandem darüber gesprochen? Wenn ja, mit wem (Partner, Freundin, Kollegen, etc.)?
Ich habe das mit mir allein ausgemacht.

Hast du selbst Motivations- und Interessenlosigkeit oder starke Stimmungsschwankungen verspürt oder wurdest du darauf hingewiesen? Wenn ja, von wem?
Motivation, Interesse – diese Worte gab es für mich nicht mehr. Es gab nur noch ein Wort: ARBEIT. Meine Stimmung schwankte ständig.

Hast du während der gesamten Phase einmal oder öfter an Selbstmord gedacht?
Nein, erst später während der Krankenphase.

Warst du apathisch und/oder hast eine (quälende, ständige?) Unruhe verspürt?
Innere Unruhe, ich stand 24-Stunden unter Spannung und ständiger Bereitschaft.

Der Tag X:

WANN genau (wie lange etwa nach den ersten Stufen mit Schmerzen, Schlafstörungen, Energieverlust) war dein „Tag X"?
Nach 13 Jahren.

Kannst du beschreiben, wie dieser Tag begann und was, wer dich veranlasst hat, einen Arzt aufzusuchen?

Auszug aus meinen Kranken-Tagebuch:

Immer wieder stelle ich mir die Frage, wann hat eigentlich alles angefangen und warum habe ich es soweit kommen lassen. Es gab einen Tag, genau gesagt der 23.10.2010, wo ich wusste, so kann es nicht mehr weitergehen.

An diesem Tag ging es mir nicht gut, wieder einmal fühlte ich mich total erschöpft und es plagten mich diese körperlichen Beschwerden (der ganze Körper tat weh wie bei einer Grippe und ich konnte mich kaum bewegen). „Du musst jetzt funktionieren, stell Dich nicht so an", habe ich mir immer wieder gesagt. Also habe ich ganz selbstverständlich weiter gemacht. Den Haushalt in Ordnung bringen und putzen, danach schnell Duschen – fühlte mich noch kaputter und bewegungsloser als am Morgen. Nun auch noch

6. Anhang

schnell einkaufen, Aldi/Edeka, wie fast jeden Samstag. Meine Kraft schwand, mir war schwindelig, ich begann zu zittern und stütze mich immer wieder am Einkaufswagen. Ach, Hähnchen Schnitzel wollte ich doch auch mitnehmen, fast wäre ich kopfüber ein die Kühltruhe gefallen. „Mach weiter!" befahl ich meinen Kopf und Körper.

Endlich zu Hause!!! Schön, wie gewohnt ließ mich mein Freund mit dem Einkauf ausräumen allein, er entspannt ja gern auf der Coach und wer, wenn nicht ich, könnte den Einkauf besser ausräumen. Im Schneckentempo machte ich alles so wie immer und wurde so langsam stinkig. Alles muss ich alleine machen!

Nun gut, nach der Erledigung der Pflichten habe ich mich in unser Arbeitszimmer zurück gezogen. Da ich nicht mehr stehen konnte und mir kalt war, habe ich mich in eine Decke eingemummelt und an die Heizung gesetzt. Mein Körper zog mich zu Boden und ich harrte in Embryohaltung, während sämtliche Kraft aus meinem Körper schwand. Noch nicht einmal sprechen konnte ich mehr. Tränen über Tränen überströmten mein Gesicht, auch diese konnte ich nicht mehr stoppen. Ich war vollkommen bewegungsunfähig geworden.

So lag ich nun am Boden, bei vollem Bewusstsein über zwei Stunden. Immer wieder ging mir durch den Kopf, fragt sich mein Partner nicht wo ich bin oder was ich mache. Bin ich ihm so egal?

Mit allerletzten Kräften habe ich mich aufgerappelt, wo auch immer ich die Energie dafür hernahm. Stink wütend schleppte ich in die Küche und trank erst mal etwas. Dann kam mein Freund rein. Fragte mich was, ich sagte „ich spreche nicht mehr mit Dir". „Auch gut, kam zurück". Jetzt platze ich. Im Nachhinein weiß ich, es war ein Hilfeschrei an ihn, aber wieso hätte er wissen sollen, was mit mir los ist, wenn ich es selbst nicht mal wusste.

Hysterisch schrie ich ihn an, ich weiß gar nicht mal mehr was, und so langsam hatte ich ihm die Laune und Geduld versaut. Vollkommen unbewusst rief er „Du bist doch bekloppt". Ich kochte und verlangte, er solle das sofort zurück nehmen. Das tat er nicht und ich wehrte mich mit Händen und Füßen gegen seine Worte und er wehrte sich gegen mich. Es kam zu einem Handgerangel. Ich wusste natürlich, dass ich kräftemäßig total unterlegen bin, konnte mich aber auch nicht mehr bremsen. „Du bist doch bekloppt, gehe doch auf das Dach und spring runter" hörte ich, „dann geht es vielleicht besser". In meinem Kopf machte es klick, das war ja wohl nicht wirklich sein ernst. Ich wollte nur noch eins, wie oft hatte ich nicht schon den Gedanken im Kopf, ihr könnt mich alle mal, ich pack jetzt meine Sachen und hole mein Geld von der Bank und bin dann weg!

6.1 Interview mit „Lisa"

Ich bin dann raus aus der Wohnung, erst mal um den Block, um den Kopf frei zu bekommen und auf Abstand zu gehen. Natürlich war es total verrückt, heute war Samstagabend, die Banken haben zu und wo soll ich jetzt denn eigentlich hin. Selbst wenn ich wollte, die Kraft dafür habe ich gar nicht mehr. Also wieder nach Hause. Ich kam nicht rein, wutentbrannt hatte mein Freund den Schlüssel von innen stecken lassen und die Klingel ausgestellt. Sollte ich jetzt wirklich schreien, um alle Nachbarn auch noch aufmerksam zu machen? Nein, ich bin doch nicht bekloppt. Nochmal um den Block!

Nun ja, es kam, wie es kommen musste. Die Tür war nach Rückkehr immer noch nicht zu öffnen und ich setzte mich bei Eiseskälte auf den Balkon. Vollkommen erschöpft und kraftlos. Nach ca. 30 Minuten wurde mir dann Einlass gewehrt. Ich war am Ende meiner Kräfte und wusste nicht mehr, was soll ich machen?

Noch mal reden mit ihm, nein das machte keinen Sinn, solange er noch wütend war. Wer konnte mir jetzt helfen? Ich rief also meine Mutter an, erstmal weinte ich, bis ich mich etwas beruhigt hatte, und erzählte ihr dann was passiert war. „Mutti, bin ich wirklich bekloppt?" fragte ich sie. Ihre Antwort war „Nein, Du bist einfach fix und fertig!", sagte sie. „Du wolltest es ja die ganzen Jahre nicht hören, immer wieder habe ich Dir gesagt, der Laden macht Dich kaputt und das mit der Schichtarbeit von Mark* (*Name geändert) ist auch für Dich sehr belastend. Ja klar, sie hatte recht, mit dem was sie sagte. Die letzte Zeit war für uns beide nicht einfach gewesen. Ständige Mehrarbeit, keine Zeit mehr füreinander, da wir uns wochenlang gar nicht gesehen hatten. Aber aufgeben, nein das wollte ich nicht, ich bin doch kein Versager!

Nach einer schlaflosen und tränenreichen Nacht erwachte ich Sonntagmorgen im Wohnzimmer auf dem Sofa. Meine Gedanken kreisten wie wild hin und her. Ja, ich war fertig. Mit mir und meinen Umfeld. Ich konnte und wollte nicht mehr. Ein wenig Ablenkung konnte nicht schaden, also wollte ich mal ein Buch lesen (selbstverständlich habe ich zuvor immer nur im Urlaub gelesen, meine Zeit und Kraft hatte ich ja lieber anderweitig – mit Arbeit – verbracht). Aber ich hatte gar kein ungelesenes Buch mehr, doch da war noch eins: Dr. med. Eckart von Hirschhausen, „Glück kommt selten allein". Dieses Buch hatte mir meine Mutter vor zwei Jahren zum Geburtstag geschenkt. Ich hatte es seitdem nicht angerührt. Heute weiß ich warum:

Ich wollte nicht sehen/lesen, welche Worte darin stecken oder gar klugen Ratschläge annehmen. Ich unglücklich, ausgebrannt, nein dass wollte ich nicht zugeben. Irgendwie geht es doch immer weiter – oder diesmal vielleicht doch nicht?

6. Anhang

Nun gut, ran an den „Feind". Ach, gar nicht so schlecht, und die Schreibweise, die ganze Sache mit Humor zu unterlegen, gefiel mir dann doch. Spannend wurde es, als ich auf Seite 31 angelangt war. Da las ich: „Mensch, warte nicht im Krankenhaus, bis die Kranken zu dir kommen. Sorg dafür, dass sie gar nicht erst krank werden. Mach Prävention, bring medizinisches Wissen in die Öffentlichkeit ...". Und ab Seite 32 ging es dann ans Eingemachte. Eindrucksvoll schildert er, wie eine Depression entsteht und wie dieses Krankheitsbild aussieht. Volltreffer! Natürlich begann ich wieder zu weinen. So ist das also, ich habe eine Depression. Mut macht mir, dass es kein Versagen meinerseits ist, obwohl ich mich so fühlte. Meine Bemühungen, sich weiter aufzuraffen und mir Unmögliches zuzumuten, konnte nicht funktionieren. Ich brauche (ärztliche) Hilfe! Heute Nachmittag sollte es zum Fußballspiel gehen. Dies war ein Verabschiedungsgeschenk für eine Kollegin. Sie, Chef und ich. Natürlich hatte ich, als ich vom Chef gefragt wurde, gleich zugesagt mitzukommen. Ich wusste ja schließlich, niemand von den Kollegen würde sich anschließen oder erbarmen. Es war ja ein Wochenendtermin. Nun, ich brauche nicht zu erwähnen, dass für mich der Samstag schon aufregend genug war und außerdem war ich körperlich und geistig fix und fertig. Deshalb sagte ich dem Chef per SMS ab. „Schade" war die Antwort. Es plagten mich natürlich große Gewissensbisse, immerhin war ich doch die Zuverlässigkeit in Person. Aber nein, ich konnte und wollte nicht.

Mein Freund ging dann am Mittag los, er wollte ja schließlich auch ins Stadion mit seinem Kollegen, unabhängig von meiner Fußballverabredung. Bis dahin hatten wir kein Wort gesprochen. Etwas später bekam ich eine SMS. „Tut mir sehr leid wegen gestern", schrieb er. Habe ihm natürlich gleich geantwortet, denn mir tat das Ganze auch sehr leid.

Als er zurück kam, haben wir uns erstmal gedrückt und waren nun beide bereit in Ruhe zu sprechen. Ich habe ihm auch erzählt, dass ich mit meiner Mutter telefoniert habe und auch nicht beim Fußball war. Dann habe ich ihm die Seiten aus dem Buch vorgelesen. Ich war fest entschlossen: Montagmorgen gehe ich zum Arzt und lasse mir helfen. Für mich, für meine fast „in den Arsch" gegangene Beziehung und ihn. „Es wird nicht leicht werden", sagte ich zu ihm, „auch nicht für Dich". „Er sei stark genug dafür und steht mir bei", war seine Antwort, über die ich mich natürlich sehr gefreut habe.

Montagmorgen: Pflichtgemäß meldete ich mich, diesmal ganz ungewöhnlich beim Chef, krank. Ich wollte ihm unbedingt sagen, dass ich die Bewerbungen noch Freitag durchgeschaut hatte, ihm zwar mein Ordnungssystem nix sagen wird, ich ihm aber aus vertraulichen Gründen den Standort selbst sagen wollte, damit er diese persönlich an sich nehmen könnte. Oh, da war sie wieder,

6.1 Interview mit „Lisa"

die Pflichtbewusste und Mitdenkende. Er beendete das Telefonat mit mir schnell und surfte schon wieder mit seinen Gedanken in anderen Gewässern, so mein Eindruck.

Kurze Zeit später fiel mir auf, er hatte mich gar nicht gefragt, was ich habe. Ist ja schließlich eine wichtige Information, denn andere mussten jetzt meine Arbeit mitmachen. Nun gut, dann nicht.

Der nächste Schritt war der Anruf beim Arzt. Nach langer Zeit des Haderns rief ich endlich an und ließ mir für den selbigen Tag einen Termin geben. Ja, natürlich war es ein Notfall und ich vermutete, ich hätte ein Burn-out, sagte ich zu der Sprechstundenhilfe am Telefon.

Ich war fest entschlossen, schließlich hatte ich am Wochenende gemerkt, so geht es nicht mehr weiter. Und ich bekam dann schließlich doch einen Termin am Mittag. Ich schleppte mich also zu meinem Hausarzt. Der schwerste Gang meines Lebens, ich war gescheitert und am Ende. Das einzige Wort was ich ihm gegenüber rausbrachte war unter Tränen „Hilfe". Ich konnte gar nicht sprechen, so fertig war ich. Ich habe mich geschämt und geweint. Irgendwann ging es dann doch und ich begann langsam zu erzählen, warum ich da bin, was meinem Körper und Geist wiederfahren ist und über den Totalzusammenbruch am Samstag. Ich fühlte mich immer noch als Versager, aber es ging mir, nachdem ich einiges raus gelassen hatte, besser. Nun kam es, das „Urteil" vom Arzt. Ich war froh, dass er sich so viel Zeit genommen hatte, beruhigte mich mit den Worten „Sie glauben gar nicht, wie viele Patienten ich habe, denen es genauso geht wie Ihnen. Ca. 1 – 2 Patienten kommen pro Woche mit diesen Anzeichen zu mir". Was war das nur für eine (Arbeits-) Welt geworden, fragte ich mich still, ich bin doch erst 35 Jahre und arbeite erst seit 14 Jahren. Jetzt kam der nächste Hammer, Krankschreibung Erschöpfungsdepression Burn-out für „erstmal" die nächsten zwei Wochen; sie werden jetzt einige Zeit ausfallen, hieß es. „Wie lange?", war meine Antwort mit Entsetzen. Für einige Wochen bzw. Monate. Auch du Alarm, dachte ich, das ist der Ausknopf. Ich hatte die Bremse getreten und nun kam der totale Stillstand. Bewaffnet mit Krankmeldung, Überweisung zum Psychiater und nächstem Termin machte ich mich auf den Weg nach Hause. Zweifel kamen, hätte ich nicht doch wieder die Arschbacken zusammenkneifen und weiter machen können. Nein, ich kann nicht mehr und meine Beziehung ist fast daran zerbrochen.

Welche fachliche Ausbildung hatte der Arzt?
Allgemeinmediziner.

6. Anhang

Wie war seine/ihre Diagnose und sein/ihr Rat, was du tun sollst?
Erschöpfungsdepression (Burn-out). Abschalten, zur Ruhe kommen, entspannen, Dinge tun, die Spaß machen, etc.

Wie ging es weiter?
- Überweisung zum Psychiater (1. Termin: 4 Wochen nach Krankschreibung).
- Diagnose: Erschöpfungsdepression, mittelschwere Depression.
- Start der medikamentösen Behandlung und Progressive Muskelentspannung nach Jacobsen.
- Psychotherapie bei Psychotherapeutin (1. Termin: 4 Monate nach Krankschreibung). Diagnose: Erschöpfungsdepression, mittelschwere Depression.
- Start wöchentliche Psychotherapie/Rat: Stationärer Krankenhausaufenthalt.
- Überweisung stationärer Krankenhausaufenthalt durch Psychiater/Anmeldung in Klinik für Psychologie und Psychotherapie.
- Termin beim Sozialmedizinischen Dienst auf „Einladung" der Krankenkasse (4 ½ Monate nach Krankmeldung).
- Die Notwendigkeit einer Rehabilitationsmaßnahme in Reha-Klinik Schwerpunkt Psychologie und Psychotherapie wurde festgestellt.
- Ablehnung Stationärer Krankenhausaufenthalt durch Krankenkasse! Aufforderung zur Stellung eines Reha-Antrags beim Rentenversicherungsträger, da berufsbedingte Krankheit.
- Antritt Reha-Maßnahme in Klinik für Psychologie und Psychotherapie (8 Monate nach Krankschreibung).
- Abbruch Reha-Maßnahme in Klinik für Psychologie und Psychotherapie.
- Ambulante psychologische- und psychotherapeutische Betreuung bzw. Betreuung durch Allgemeinmediziner und Neuantrag auf Reha-Maßnahme in anderer Reha-Klinik.
- Einladung zum Sozialmedizinischen Dienst des Rentenversicherungsträgers (9 Monate nach Krankschreibung).
- Terminverschiebung Sozialmedizinischer Dienst des Renten-Versicherungsträgers.
- Weitere Terminverschiebung Sozialmedizinischer Dienst des Rentenversicherungsträgers.
- Psychotherapeutin organisiert Vorstellungstermin für akute stationäre Krankhausbehandlung (10 Monate nach Krankschreibung).
- Vorstellung in Klinik zur akuten stationären Krankenhausbehandlung.

6.1 Interview mit „Lisa"

Welche fachliche Ausrichtung hatte die Klinik?
Einweisung durch Allgemeinmediziner und Aufnahme in Klinik (9 ½ Monate nach Krankmeldung): Stationärer Krankenhausaufenthalt in Klinik für Psychologie und Psychotherapie.

Wie lange warst du in der Klinik?
7 Wochen Klinikaufenthalt.

Wie hast du die Therapie vor Ort empfunden?
Zunächst einmal war ich sehr überrascht über das umfangreiche Therapieangebot. Die Einzeltherapie ist knallhart und verläuft unter dem Motto, wir heilen Dich nicht, Du heilst Dich selbst (Zitat des Therapeuten). Wir hacken auf dir rum und bohren in die Wunden rein, mal sehen, wann du anfängst dich zu wehren = Stabilisierung/Therapieziel (bestätigtes Gefühl Lisa).

Was stand auf deinem Tages-/Stundenplan?
Morgenrunde (Patienten/Therapeuten), Patientenrunde, Morgenbewegung, Gruppentherapie (2xGespräch, 2xBewegung, 1xKunst pro Woche), Schwimmen, Ergotherapie, Autogenes Training, Progressive Muskelentspannung, Spazierengehen/Joggen. Des Weiteren standen Ergometer, Tischtennisplatte und Kicker zur Verfügung. Alle Mahlzeiten zählten zu der Therapie, daher auch Anwesenheitspflicht.

Hast du während der Klinikzeit Besuch empfangen (Familie, Freunde)?
Kein Besuch in Klinik. An den Wochenenden (sogenannte Erprobungsphase) Übernachtung zu Hause (Pflicht); somit auch Gelegenheit für Treffen mit Freunden/Bekannten/Verwandten.

Wenn ja, wie war das für dich?
In der Klinik wollte ich keinen Besuch (mein geschützter Bereich). Ein Treffen empfand ich anfangs immer etwas befremdlich und auch anstrengend. Manche Wochenenden zuhause waren auch kaum auszuhalten. Ich hatte meinen Fokus auf mich, meine Therapie und mein Tempo gerichtet. Plötzlich war da ein anderes Bild: Früher drehte ich mich schneller als die Welt, jetzt drehte sich die Welt schneller um mich.

6. Anhang

6.2 Interview mit „Max"[91]

Persönliche Angaben:
Alter, Geschlecht: 47 Jahre, männlich
Familienstand/Kinder: Verheiratet, 2 Kinder (9 und 7 Jahre)
Beruf: Führungsverantwortung für 50 Mitarbeiter in einem Unternehmen mit 1000 Mitarbeitern

Tägl. ca. Arbeitszeit (damals) in der Firma, incl. Zeiten für Dienstreisen und ÜN?
10-12 Stunden.

Wie viel ca. Stunden täglich wurde außerhalb der Firma noch mit beruflichen Arbeiten belegt (telefonieren, am PC, etc.)
1 Stunde, am Wochenende auch bis zu 4 Stunden oder immer öfters Samstagvormittag im Büro („zum Aufräumen").

Wie viel Stunden pro Woche ca. wurde mit Familie/Freunden privat verbracht?
Während der Woche mit der Familie nur gemeinsames Frühstück, am Wochenende überwiegend mit Familie.

**Fragen zu den Stufen 1 bis 3 siehe Abbildung 3:
„Die Spirale der Erschöpfung":**

Stufe 1:

Wann (wie lange vor dem Zusammenbruch) traten „körperliche Schmerzen" und/oder Schlafstörungen auf?
Ich erinnere mich an Rückenschmerzen sicherlich schon seit 1 bis 1,5 Jahre davor. Die Schlafstörungen, insbesondere Wiedereinschlafschwierigkeiten, waren ca. 6 Monate davor besonders ausgeprägt.

Gab es die Selbsterkenntnis „ich schaffe das nicht mehr" (Energieverlust gespürt)?
In dieser Phase überwog die Fehleinschätzung, dass es eine vorübergehende Überbelastung sei, die mit mehr Einsatz zu überwinden wäre. Also mehr das Gefühl, ich müsse eine einmalige Herausforderung meistern und danach liefe alles wieder besser.

Hast du dich überfordert (nur beruflich oder auch privat) gefühlt?
Zum Beruflichen kam die private Situation mit finanzieller Belastung für Immobilien hinzu und das Gefühl, zu wenig Zeit für die Familie und mich selbst zu haben.

---

91 Anmerkung der Autorin:
Die Identität des Betroffenen (männlich) ist mir persönlich bekannt. Aus Personen- und Datenschutzgründen, nenne ich ihn „Max". Alle schriftlichen Antworten (gerade Schrift) sind Originalzitate und entsprechen den tatsächlichen Angaben, März bis Mai 2012.

6.2 Interview mit „Max"

Wenn ja, hast du versucht, selbst Änderungen für die „Überforderung" herbei zu führen?
Nein, nicht wirklich.

Warst du öfter gereizt, gekränkt, aggressiv (beruflich und privat)?
Beruflich eher unsouverän und verletzend, privat eher aggressiv gegenüber den Kindern.

Stufe 2:

Hast du Konzentrations- und Gedächtnisprobleme festgestellt oder wurdest du darauf hingewiesen. Wenn ja, von wem?
Ja, selbst habe ich sowohl Konzentrations- und Gedächtnisprobleme festgestellt, mit extremen Formulierungsschwierigkeiten bei Mails oder Briefen. Ich war viel empfindlicher auf Ablenkung durch Umgebungslärm und konnte im Büro nur noch abends einigermaßen konzentriert arbeiten. Beim Autofahren haben ich selbst und meine Frau bei mir Konzentrationsschwächen und schnelle Ermüdung festgestellt.

Hast du in diesem Stadium mehr/länger gearbeitet?
Ja, weil die Effizienz immer stärker sank.

Hast du Zeiten/Termine mit Familie und Freunde vernachlässigt? Wenn ja, hast du es selbst bemerkt oder wurdest du darauf hingewiesen?
Ich habe mich immer öfters ausgeklinkt, mit der Begründung ich müsse in Ruhe aufarbeiten. Habe dann aber in diesen zusätzlichen Zeiten kaum etwas erledigt, sondern eher gegrübelt.

Hast du Zeiten mit Familie und Freunden noch „genossen" oder war es dir lästige Pflicht?
Es war eher lästige Pflicht, weil ich auch keinen Spaß daran hatte und mich selbst auch als spaßbremsend erlebte.

Stufe 3:

Hattest du Schuldgefühle oder Grübelattacken?
Ja, sehr viele Grübelattacken mit sich-im-Kreis-drehen und nur Probleme sehen. Schuldig fühlte ich mich für die Situation, dass ich als Alleinverdiener nicht die notwendige finanzielle Entspannung sicherstellen konnte. Auch fühlte es sich als Versagen an, dass ich nicht entspannte Freizeit mit der Familie verbrachte.

Wenn ja, hast du das mit dir allein ausgemacht oder hast du mit jemandem darüber gesprochen? Wenn ja, mit wem (Frau, Freund, Kollegen, etc.)
Ich habe vertrauten Kollegen gegenüber schon geäußert, dass ich mich

arbeitsmäßig stark belastet fühlte. Jedoch kam das eher als „Jammern" an oder mehr in der Richtung „da muss jeder mal durch". Deutlicher habe ich mich, ca. 2 Monate vor dem Zusammenbruch, gegenüber einem Freund und früheren Kollegen geäußert, ihn habe ich konkret um Hilfe bei Arbeitsthemen gebeten. Er hat das aber für sich ausgeschlossen, da er inzwischen im Ruhestand war. Später hat er das sehr bedauert, weil es im Nachhinein betrachtet ein sehr deutliches und ehrliches Zeichen für die Überbelastung war. Meiner Frau gegenüber habe ich versucht zu vermitteln, dass es bald wieder besser liefe, weil ich sie nicht in Sorge versetzen wollte. Eigentlich hatte sie aber schon beobachtet, dass es immer weiter bergab geht und im Hintergrund schon ein „Netz" organisiert (siehe unten).

Hast du selbst Motivations- und Interessenlosigkeit oder starke Stimmungsschwankungen verspürt oder wurdest du darauf hingewiesen? Wenn ja, von wem?
Ja, ich hatte seit mehreren Monaten das Gefühl der Kraftlosigkeit, gepaart mit einem Versager-Gefühl. Zwischendurch gab es kurze Hochphasen, wenn ich etwas erledigt hatte, das schon lange überfällig war. Das waren dann Momente, in denen ich dachte, wenn ich jetzt so diszipliniert weiter machen könnte, dann könnte es mir gelingen, die aufgestauten „Berge" nach und nach abzubauen. Aber das hielt natürlich nie lange an. Immer häufiger überwogen die kraftlosen Phasen.

Hast du während der gesamten Phase einmal oder öfter an Selbstmord gedacht?
Eigentlich nur in der kurzen Phase zwischen Zusammenbruch und Beginn der stationären Therapie. Ich erinnere ein oder zwei Situationen, als ich mit der S-Bahn fuhr und sich die „Gelegenheit anbot, mich vor den Zug zu werfen".

Warst du apathisch und/oder hast eine (quälende, ständige?) Unruhe verspürt?
Apathie gab es oft in den Zeiten, die ich mir abends im Büro oder zuhause zur Erledigung von überfälligen Aufgaben freigehalten hatte. Dann saß ich oft lange vor dem Laptop, ohne irgendeinen Output. Unruhe verspürte ich ständig in den Zeiten, die ich zur Erholung vorgesehen hatte, dann konnte ich überhaupt nicht abschalten oder genießen.

Der Tag X:

WANN genau (wie lange in etwa nach den ersten Stufen mit Schmerzen, Schlafstörungen, Energieverlust) war dein „Tag X"?
Das ist schwierig genau zu sagen, vermutlich 9 – 12 Monate.

Kannst du beschreiben, wie dieser Tag begann und was, wer dich veranlasst hat, einen Arzt aufzusuchen?
Es war ein Mittwoch, ein normaler Arbeitstag. Ich war normal aufgestanden, hatte aber bis nach Mitternacht noch E-Mails bearbeitet. Nach dem Frühstück, setzte ich mich aufs Bett und wollte mich vollends ankleiden, Anzug und Krawatte anziehen. Meine Frau verabschiedete sich kurz, weil sie ein Kind zur Schule begleitete. Als sie nach ca. 20 Minuten zurückkehrte, saß ich immer noch auf dem Bett. Sie fragte mich, was denn los sei, ob ich nicht zur Arbeit gehen müsse?
Ich erklärte ihr, dass ich heute nicht zur Arbeit gehen könne, ich könnte einfach nicht! Ich fühlte mich wie gelähmt.
Das war für sie das Alarmsignal, sie geriet, nur sehr kurz, in Panik, und rief dann einen guten Familienfreund an, der dann nach ca. 30 Minuten kam. Inzwischen hatte sie mir vorgeschlagen, zu ihrem Hausarzt zu gehen. (Sie hatte einige Wochen davor mit diesem Arzt über meinen besorgniserregenden Zustand gesprochen, was sie mir auch gesagt hatte.) Zuerst weigerte ich mich ein wenig, aber dann willigte ich dem Arztbesuch ein. Als der Freund eintraf, war ich schon einverstanden, und wir machten den Arztbesuch dann nur zu zweit.

Welche fachliche Ausbildung hatte der Arzt
Ich war einige Tage zuvor schon bei einer Heilpraktikerin und Psychotherapeutin, auf Vermittlung des Familienfreundes hin. Sie hatte aber keine offizielle Kassenzulassung. Ihre Diagnose war mittelschwere Depression und sie riet zu einer mehrwöchigen Auszeit. (Dies habe ich aber aus beruflichen Gründen für völlig unrealisierbar erklärt.)
Der Hausarzt am Tag X ist ein Allgemeinmediziner mit naturheilkundlicher Ausprägung. Seine Diagnose war akuter Erschöpfungszustand. Er empfahl auch eine stationäre Behandlung.

Wie war seine/ihre Diagnose und sein/ihr Rat, was du tun sollst
Zunächst konnte ich mir eine stationäre Behandlung überhaupt nicht vorstellen. Die Tage zuhause haben aber gezeigt, dass die ganze Familie unter meiner apathischen Anwesenheit litt. Außerdem zeigte sich, dass es schwierig war, ambulante Psychotherapie kurzfristig zu realisieren. Letztendlich drängten mich meine Frau und meine Schwester zu einem stationären Aufenthalt, um auch zuhause eine „gewisse Normalität" zu gewährleisten.
Der Tipp zu der Klinik, die mich dann aufnahm, kam von meiner Schwester, da sie einen Kollegen kannte, der dort eine stationäre Therapie verbrachte.

6. Anhang

Wie ging es weiter?
Klinikaufenthalt.

Welche fachliche Ausrichtung hatte die Klinik?
Es war eine private Akutklinik für Psychiatrie.

Wie lange warst du in der Klinik?
10 Wochen.

Wie hast du die Therapie vor Ort empfunden?
Nach wenigen Tagen hatte ich Vertrauen in die Klinik gefasst, allerdings erst nachdem ich zuvor einen Wechsel des betreuenden Arztes durchgesetzt hatte. Erst nach der Betreuung durch die Chefärztin war ich bereit, dort länger zu bleiben. Die Qualität der verschiedenen Ärzte und Therapeuten empfand ich als sehr unterschiedlich. Die Chefärztin war für mich der Anker schlechthin, wir hatten schnell eine gute Therapiebasis und ein Vertrauensverhältnis aufgebaut. Die ersten Tage fühlte ich mich sehr verloren und war misstrauisch gegenüber der Behandlung. Dann ging es mir durch den Arztwechsel zusehends besser. Eine quälende Zeit waren noch einige Tage vor der freiwilligen Entscheidung zur Einnahme eines Psychopharmaka. Nach Gesprächen mit anderen Patienten und nach Internetrecherchen, war ich dann dazu bereit. Ängste empfand ich wieder am Ende des Aufenthalts, als der Wechsel von der „Watte-Welt" in den „Alltags- Dschungel" immer näher kam.

Was stand auf deinem Tages-/Stundenplan (Sport, Gespräche, etc.)?
Es gab einen festen Stundenplan, der wöchentlich angepasst wurde. Nach einigen Tagen hatte ich mich einer Jogginggruppe angeschlossen, so dass wir jeden Morgen um 6:45 h starteten. Danach kam offizielle Frühgymnastik, dann gemeinsames Frühstück. 9:00 h begannen Gruppentherapien mit verschiedenen Schwerpunkten (Gesprächs-, Kunstund Mal-, Bewegungstherapie). Verschiedene Anwendungen wie Massage, Kneippen, Fango. 12:00 h gemeinsames Mittagessen. Vor- oder nachmittags 1-2 Mal wöchentlich Einzeltherapie mit dem betreuenden Arzt. Nachmittags Rückengymnastik, Entspannungstraining (Autogenes Training, Muskelentspannung nach Jacobsen). 1-2 Mal wöchentlich Vorträge über Ernährung, Schlaf, etc. An manchen Tagen auch Freizeit für Stadtgänge, Spaziergänge, Einkäufe, Bibliothek mit Internet, etc. 18:00 h gemeinsames Abendessen. Danach Möglichkeiten für Aktivitäten meist in Gruppen, wie Billard, Abendspaziergänge, Basteln, Fernsehen, auch Kneipenbesuche. Häufig auch Abschiedsfeiern von Mitpatienten. 22:00 h Bettruhe.

6.2 Interview mit „Max"

Hast du während der Klinikzeit Besuch empfangen (Familie, Freunde)?
Ja, sehr häufig. Meine Familie, meine Schwester, mein Schwager, meine Eltern und zwei Freunde. Es war Sommer und eine sehr schöne Gegend.

Wenn ja, wie waren diese Besuche für dich?
Ich habe mich immer gefreut, am meisten natürlich auf die Kinder. Es war eigentlich immer so, dass die Besucher von der Atmosphäre und dem Ambiente der Klinik sehr positiv überrascht waren. Die Klinik hatte die Ausstrahlung eines Kurhotels und war angenehm klein. Ich erinnere keinen unangenehmen Besuch oder schlimmere Abschiedsszenen. Irgendwie hatte ich stets den Eindruck, dass die Besucher wegen der angenehmen Umgebung und meiner guten Verfassung mit weniger Sorgen wegfuhren als sie gekommen waren. Und ich wiederum blieb gerne dort zurück, weil es ein organisierter, geschützter Kosmos war.

Gab es mit dem Verlauf des Burn-out noch andere belastende private Situationen?
Die Krankheit und der Tod meines Vaters fiel in diese Zeit. Er erhielt eine Krebsdiagnose ca. 6 Wochen vor meinem „Tag X". Mein Vater starb zwei Monate nachdem ich meinem Klinikaufenthalt beendet hatte.

Abbildungsverzeichnis

Abbildung 1: Puppe – Stressoren
    Psychologin Wagner-Link Angelika (†) Prof. Dr. Hahlweg Kurt, TU Braunschweig, Stressanalyse,
    Broschüre der Techniker Krankenkasse „Der Stress", 21. Auflage, 2011, Seite 8.

Abbildung 2: Stressoren und ihre Auswirkungen auf den Organismus
    Psychologin Wagner-Link Angelika (†) Prof. Dr. Hahlweg, Kurt, TU Braunschweig, Stressanalyse,
    Broschüre der Techniker Krankenkasse „Der Stress",
    ISSN 0723-1717, 21. Auflage, 2011, Seite 7.

Abbildung 3: Die Spirale der Erschöpfung
    Abb. aus Hans-Peter Unger / Carola Kleinschmidt, Bevor der Job krank macht
    © 2006, Kösel-Verlag, München, in der Verlagsgruppe Random House GmbH

Abbildung 4 a: Fehltage aufgrund psychischer Erkrankung
    Diagramm aus Zeitungsartikel

Abbildung 4 b: Fehltage aufgrund psychischer Erkrankung
    Vollständiger Zeitungsartikel
    Rathay Peter, „Arbeitnehmer fehlen 54 Millionen Tage",
    Thüringer Allgemeine, 1./2. Mai 2012, Titelblatt.

Abbildung 5: Je schneller die Zeiten, desto wichtiger die Auszeiten
    Kalenderblatt 2012, ohne Angabe von Verlag oder Autor.

Abbildung 6: Wintershall/WINGAS – Kursprogramm Frühjahr/Sommer 2012
    Aus firmeninternem Netzwerk (Intranet) entnommen, am 25.05.2012.

Abbildung 7: Mein ganz persönlicher Rettungsschirm
    www.zeitdiebe-magazin.de, Downloads, am 13.05.2012.

Literaturverzeichnis

Benien, Karl (2009), „Schwierige Gespräche führen", 6. Auflage, Rowohlt Taschenbuch Verlag, Reinbek bei Hamburg.

Bundesministerium für Arbeit und Soziales (BMAS), „Betriebliche Gesundheitsförderung", www.bmas.de/Themen/Arbeitsschutz, am 02.05.2012.

Bundesvereinigung „Prävention und Gesundheitsförderung e. V." (BVPG), „Kein Stress mit dem Stress", www.bvpg.de, am 24.03.2012.

DER SPIEGEL WISSEN (1/2012), Titelblatt „Patient Seele", Wahle, P., Ahrens, Jörg-H., Booms, U., Falkenberg, K., Geister, S., Hoffmann, S., Kemper-Gussek, R., Klötzer, U., Kovac, A., Maaß, S., Dr. Meyhoff, A., Mulot, T., Nohrn, M., Dr. Schlüter-Ahrens, R., Dr. Schuricht, K., Zeller, A., Spiegel-Verlag Rudolf Augstein, Hamburg.

Deutsche gesetzliche Unfallversicherung (DGUV), „Psychische Belastungen", www.dguv.de/inhalt/praevention/themen/psychische Belastungen, am 22.04.2012.

Deutsche Rentenversicherung Bund (DRB), „Rehabilitation", www. deutsche-rentenversicherung-bund.de/ rehabilitation/ Rehabilitations zentren/ Indikationssuche/psychische und psychosomatische Krankheiten, am 28.04.2012.

Deutscher Gewerkschaftsbund (DGB), „Index Gute Arbeit: Stress am Arbeitsplatz", www.dgb.de/dgb/Index, am 24.04.2012.

Deutsches Netzwerk für betriebliche Gesundheitsförderung (DNBGF), www.dnbgf.de/startseite, am 23.04.2012.

FOCUS Nr. 10/10, (08.03.2010), Titelblatt „Die Burn-out-Gesellschaft", Gerbert, Frank.

FOCUS Nr. 48/11, (28.11.2011), Titelblatt „Was ist Burn-out?", Bartholomäus, U., Hollweg, P., Latos, M., Mayer, K.-M., Pantle, C., Siefer, W., Thielicke, R., Steinbach, L.,

Hovermann, Claudia (2008), „Starke Frauen reden Klartext", 2. überarbeitete Auflage des Titels „Erfolgsrhetorik für Frauen", Gabal Verlag, Offenbach.

Seiwert, Lothar (2010), „Das neue 1x1 des Zeitmanagement",
9. Auflage, Gräfe und Unzer Verlag, München.

stern Nr. 40 (29.09.2011), Titelblatt „Total erschöpft", Stoessinger, M., Hoidn-Borchers, A., Eißele, I., Gamerschlag, B., Geisler, A., Gerstenberg, F., Gronwald, S., Hinzpeter, W., Kluin, K., Koch, C., Lache, A., Löer, W., Schmitz, T., Schöps, C., Schönberger, B., Schneying, D., Viciano, A., Wedemeyer, G..

TK aktuell, (2/2011), Titelblatt „Gönnen Sie sich Auszeiten", Vollmer-Rupprecht, Roderich (verantwortlicher Redakteur für den Inhalt), Techniker Krankenkasse Hauptverwaltung, Hamburg.

Unger, Hans-Peter, Kleinschmidt, Carola (2009), „Bevor der Job krank macht", 5. Auflage, Kösel Verlag, München.

Wagner-Link, Angelika, Dipl.-Psych. (Institut für Mensch & Management, München). Fachliche Beratung: Hahlweg, Prof. Dr. Kurt, (TU Braunschweig, Institut für Psychologie), Frobeen, Anne, Dipl.-Psych. (Techniker Krankenkasse), TK Broschüre „Der Stress", 21. Auflage 2011, ISSN Nr. 0723-1717, Techniker Krankenkasse Hauptverwaltung, Hamburg.

Wikipedia "Inhalt des § 20 Präventionsgesetz", www.wikipedia.de, am 24.03.2012.

Wintershall Holding, "Damit unsere Gesellschaft menschlich und sicher bleibt", www.wintershall.com/Unternehmen/Dokumente/ Unternehmensbroschüre/Seite 12, 27, 28, am 19.04.2012.

Dank

Mein besonderer Dank gilt „Lisa" und „Max", meinen Interviewpartnern. Sie haben bereitwillig und in eindrucksvoller Weise den Verlauf ihrer persönlichen „Spirale der Erschöpfung" beschrieben.

Herzlichen Dank für die Offenheit, die Zeit und das große Vertrauen, das sie mir und diesem Buch damit geschenkt haben.